邓小平改革思想及其现实意义

曲青山　著

中共党史出版社

图书在版编目（CIP）数据

邓小平改革思想及其现实意义 / 曲青山著 . -- 北京：中共党史出版社，2024. 7. -- ISBN 978-7-5098-6586-6

Ⅰ . A849.164

中国国家版本馆 CIP 数据核字第 20248N7V93 号

书　　名：邓小平改革思想及其现实意义

作　　者：曲青山

出版发行：中共党史出版社

责任编辑：韩冬梅　贾欣琪

责任校对：申宁

责任印制：段文超

社　　址：北京市海淀区芙蓉里南街 6 号院 1 号楼　邮编：100080

网　　址：www.dscbs.com

经　　销：新华书店

印　　刷：北京盛通印刷股份有限公司

开　　本：710mm × 1000mm　1/16

字　　数：110 千字

印　　张：11.25

版　　次：2024 年 7 月第 1 版

印　　次：2024 年 7 月第 1 次印刷

书　　号：ISBN 978-7-5098-6586-6

定　　价：42.00 元

此书如有印装质量问题，请联系中共党史出版社读者服务部 电话：010-83072535

目 录

学习和缅怀邓小平同志的光辉业绩和崇高风范*

——学习习近平总书记在纪念邓小平同志诞辰110周年座谈会上的重要讲话

2014年8月20日，习近平总书记在纪念邓小平同志诞辰110周年座谈会上发表重要讲话，讲话突出了缅怀、学习、继承三个关键词，表达了对邓小平同志为党、为祖国、为人民建立不朽功勋的深切缅怀，发出了全党学习邓小平同志为党和人民事业不懈奋斗崇高风范的号召，表明了党中央进一步在新的时代条件下把中国特色社会主义事业继续推向前进的坚定决心。

一、缅怀邓小平同志，我们缅怀什么

邓小平同志是中国共产党历史上的一位伟大人物，是中

* 原载《光明日报》2014年10月3日，原文标题为《缅怀　学习　继承——学习习近平总书记在纪念邓小平同志诞辰110周年座谈会上的重要讲话》。

国近现代史上的一座丰碑。纪念邓小平同志，我们缅怀什么？我们要铭记他的历史贡献和不朽功绩。习近平总书记在讲话中对邓小平同志的历史功绩和历史地位给予高度评价，除继续沿用以往的评价外，进行了新的评价和阐述，提出了邓小平同志是“中国特色社会主义道路的开创者”的概念，提出了把邓小平同志的历史贡献放到世界的范围去认识和评价的问题，还对“邓小平理论的创立者”的表述作了补充，增加了“主要”二字。这样就更加全面、更加客观、更加准确地评价了邓小平同志的历史功绩和历史地位。习近平总书记的讲话全面回顾了邓小平同志为党和人民事业奋斗的光辉一生，用“三个紧紧相连”和“三个一生”进行了高度总结和概括，即邓小平同志的一生，同中国共产党、中国人民解放军、中华人民共和国创建和发展的历史进程紧紧相连，同中国革命、建设、改革的历史进程紧紧相连，同中华民族抗争、独立、振兴的历史进程紧紧相连，是光辉的一生、战斗的一生、伟大的一生。习近平总书记在讲话中用“卓越功勋”“杰出贡献”“历史性贡献”三组概念，对邓小平同志在党的历史上三个时期的贡献分别进行了表述。在新民主主义革命时期，邓小平同志为党领导的民族独立和人民解放事业建立了卓越功勋，是中华人民共和国的开国元勋。在社会主义革命和建设时期，邓小平同志为胜利完成社会主义革命、探索我国社会主义建设道路作出了杰出贡献。在改革开放新时期，邓小平同志成为党的第二代中央领导集体的核心，为

2014年8月22日，邓小平同志诞辰110周年之际，数万群众冒雨参观邓小平故里。

开创中国特色社会主义作出了历史性贡献。马克思17岁时曾在《青年在选择职业时的考虑》一文中写下这样一段话："我们的幸福将属于千百万人，我们的事业将悄然无声地存在下去，但是它会永远发挥作用，而面对我们的骨灰，高尚的人们将洒下热泪。"这正是我们今天缅怀邓小平同志的意义所在。

二、学习邓小平同志，我们学习什么

我们应该学习邓小平同志的哪些崇高风范呢？习近平总书记在讲话中强调了六个学习：一是要学习他对共产主义远大理想和中国特色社会主义信念无比坚定的崇高品格；二是要学习他对人民无比热爱的伟大情怀；三是要学习他始终坚持实事求是的理论品质；四是要学习他不断开拓创新的政治勇气；五是要学习他高瞻远瞩的战略思维；六是要学习他坦荡无私的博大胸襟。坚持六个学习，我们可以从中获取智慧、勇气和力量。

学习邓小平同志信念坚定的崇高品格，我们就要坚定理想信念。信念坚定，是邓小平同志一生最鲜明的政治品格，也永远是中国共产党人应该挺起的精神脊梁。要把我国发展得更好，离不开理想信念的力量。我们共产党人锤炼党性，首要的就是坚定共产主义远大理想和中国特色社会主义共同理想。我们要学习邓小平同志矢志不渝为社会主义、共产主义而奋斗的执着精神，坚定中国特色社会主义道路自信、理论自信、制度自信、文化自信，坚忍不拔、风雨无阻朝着我们的目标奋勇前进。

学习邓小平同志热爱人民的伟大情怀，我们就要心系人民。热爱人民，是邓小平同志一生最深厚的情感寄托，也永远是中国共产党人应该坚守的力量源泉。我们要学习邓小平同志对祖国、对人民的深情大爱，始终为人民利益而奋斗，任何时候、任何条件下都忠于祖国、忠于人民，脚踏实地践行党的宗旨，把自己的一生交给党和人民，为党和人民事业鞠躬尽瘁、死而后已。

学习邓小平同志实事求是的理论品质，我们就要一切从实际出发。实事求是，是邓小平同志一生最重要的思想特点，也永远是中国共产党人应该遵循的思想方法。我国革命、建设、改革的历史反复证明，只有制定符合实际的政策措施，采取符合实际的工作方法，党和人民事业才能走上正确轨道，才能取得人民满意的成效。我们要学习邓小平同志善于运用辩证唯物主义和历史唯物主义观察世界、处理问题的思想方法和领导艺术，掌握真实情况，把握客观规律，发扬务实高效、不尚空谈的工作作风，踏踏实实把党的基本理论、基本路线、基本纲领、基本经验、基本要求贯彻落实好。

学习邓小平同志开拓创新的政治勇气，我们就要大胆实践、大胆探索。开拓创新，是邓小平同志一生最鲜明的领导风范，也永远是中国共产党人应该具有的历史担当。综观邓小平同志的革命生涯，可以清楚地看到，他身上始终洋溢着一种革故鼎新、一往无前的勇气，一种善于创造性思维、善于打开新局面的锐气。中国特色社会主义是前无古人的伟大事业，改革开放和社会主义现代化建设还有很长的路要走。在前进道路上，我们将进行许多具有新的历史特点的伟大斗争。我们要学习邓小平同志敢于开拓创新的政治勇气，细心观察新的实践和新的发展，尊重地方、基层、群众首创精神，果断作出决策，把开拓创新作为一种常态，不断用发展着的马克思主义指导新的实践，又从实践中作出新的理论概括，敢破敢立、敢闯敢试，义无反顾把改革开放不断向前推进。

学习邓小平同志高瞻远瞩的战略思维，我们就要观大势、谋大事。战略思维，是邓小平同志一生最恢宏的革命气度，也永远是中国共产党人应该树立的思维方式。邓小平同志思想敏锐、目光远大，多谋善断、举要驭繁，总是站在国内大局和国际大局相互联系的高度审视中国和世界的发展，善于从全局上思考问题，善于在关键时刻作出战略决策。进入改革开放新时期，邓小平同志洞察国内外发展大势，作出了一系列事关党和国家事业长远发展、事关社会主义前途命运的重大战略决策。战略问题是一个政党、一个国家的根本性问题。我们要学习邓小平同志“放眼世界，放眼未来，也放眼当前，放眼一切方面”的世界眼光和战略思维，学习他善于抓住关键、纲举目张的思想方法和工作方法，站在时代前沿观察思考问题，把党和人民事业放到历史长河和全球视野中来谋划，以小见大、见微知著，在解决突出问题中实现战略突破，在把握战略全局中推进各项工作。

学习邓小平同志坦荡无私的博大胸怀，我们就要纯真挚朴。坦荡无私，是邓小平同志一生最光辉的人格魅力，也永远是中国共产党人应该锤炼的品质修养。邓小平同志始终以劳动人民的一员看待自己，始终以共产党员的标准要求自己，不屈不挠面对困难，有情有义对待同志，一以贯之严格自律，自始至终谦虚谨慎，为我们树立了共产党人自觉加强党性修养的光辉典范。共产党人拥有人格力量，才能无愧于自己的称号，才能赢得人民赞誉。我们要学习邓小平同志公而忘私、无私无畏的博大胸怀，加强党性修养，严于律己、宽以待人，正确对待组织，正确对待同志，正确对待自己，正确对待权力，积极践行社会主义核心价值观，为党和人民事业赤诚奉献，以身作则推动营造风清气正的党风、政风和社会风气。

三、继承邓小平同志，我们继承什么

邓小平同志是中国特色社会主义道路的开创者，他留给我们的最重要的思想和政治遗产，就是他带领党和人民开创的中国特色社会主义，就是他创立的邓小平理论。纪念邓小平同志，坚持和发展邓小平同志开创的中国特色社会主义，就是对他遗志和事业的最好继承。那么，如何坚持和发展中国特色社会主义呢？习近平总书记在讲话中强调了自信的问题、定力的问题、担当的问题、前景的问题和实干的问题。

继承遗志和事业就要有民族的自信。习近平总书记指出，中华民族创造了具有5000多年悠久历史的辉煌文明，中国人民在中国共产党领导下创造了建设社会主义的辉煌成就，我们应该在这个基础上继续创造。我们自己不足、不好的东西，要努力改革。外国有益、好的东西，我们要虚心学习。但是，不能全盘照搬外国，更不能接受外国不好的东西；不能妄自菲薄，不能数典忘祖。

继承遗志和事业就要坚定前进的方向。习近平总书记强调，新民主主义革命的胜利成果决不能丢失，社会主义革命和建设的成就决不能否定，改革开放和社会主义现代化建设的方向决不能动摇。这是党和人民在当今世界安身立命、风雨前行的资格。中国近代以来的全部历史告诉我们，中国的事情必须按照中国的特点、中国的实际来办，这是解决中国所有问题的正确之道。

继承遗志和事业就要对未来充满信心。习近平总书记指出，邓小平同志为我们擘画的社会主义现代化蓝图正在一步步变成美好现实，我们伟大的祖国正在一天天走向繁荣富强，中华民族正在一步步走向伟大复兴。对此，我们感到无比自豪。实现社会主义现代化，实现祖国完全统一，实现中华民族伟大复兴，这是毛泽东同志、邓小平同志等老一辈革命家和千百万革命先辈的深切夙愿，是全体中华儿女的共同心愿。只要我们持之以恒，锲而不舍，顽强奋斗，这一夙愿和心愿就一定能实现。

继承遗志和事业就要脚踏实地。事业是干出来的，不干半点儿马克思主义都没有。邓小平同志曾经嘱托全党："从现在起到下世纪中叶，将是很要紧的时期，我们要埋头苦干。我们肩膀上的担子重，责任大啊！"历史事实告诉我们，党肩负的历史责任重如泰山。我们要实现确定的奋斗目标，必须埋头苦干，脚踏实地，发扬钉钉子的精神，一件一件做好我们的各项工作。

世纪伟人邓小平*

邓小平同志伟大的一生几乎贯穿整个20世纪。作为一位世纪伟人，他为中华民族的独立和解放，为中国社会主义制度的建立、巩固和发展，特别是为开创中国特色社会主义，倾注了毕生的心血和精力，建立了永不磨灭的历史功勋，为我们留下了极其丰富、极其宝贵的精神遗产。

一、为中华民族的独立、解放和新中国的诞生立下赫赫战功

当邓小平同志走上政治舞台的时候，中华民族正陷于半殖民地半封建社会的深渊。中国的志士仁人在黑暗中苦苦寻找适合中国国情的正确道路，可以说当时是“山穷水尽”诸路不通。最后，一批中国的先进分子选择了马克思主义，决

---

* 原载《求是》2014年第16期，原文标题为《光辉的业绩 不朽的功勋》。

定走俄国人的路，向社会主义方向前进。邓小平同志是其中的一员。他自少年时代起就立志匡扶社稷，救国救民。1920年，他赴法国勤工俭学，亲身体验了工人阶级受压迫受剥削的苦难处境，耳闻目睹了西方帝国主义列强对中国的欺凌和压迫，“工业救国”的幻想变成泡影。这驱使他阅读了大量宣传马克思列宁主义和俄国十月革命的书刊，确立了共产主义信仰，成为一名中国共产党党员，开始了自己的革命生涯。此后，他为实现这一崇高理想而一往无前、矢志不移。

在旧中国这样一个半殖民地半封建的东方大国，共产党人要领导革命取得胜利，没有现成的答案，必须在实践中开辟自己的道路。邓小平同志坚定支持毛泽东同志领导我们党开辟新民主主义革命道路。他始终坚持正确路线，土地革命战争时期，由于执行以毛泽东同志为代表的正确路线，被批判为“江西罗明路线”的头子；抗日战争时期，较早提出毛泽东思想即中国化的马克思列宁主义，党的事业要以毛泽东思想作指导；解放战争时期，提出重要建议，为新解放区农村工作政策转变作出贡献，受到党中央和毛泽东同志的肯定和称赞。他始终坚决贯彻党中央一系列重大战略决策，从领导百色起义到参加二万五千里长征，从率领一二九师转战太行山到创建晋冀鲁豫抗日根据地，从指挥上党战役、邯郸战役到千里跃进大别山，从领导淮海战役到指挥渡江战役，从率军进军大西南到参加领导和平解放西藏，总是不畏艰险，勇挑重担，站在革命军事斗争的最前沿，为新民主主义革命

1921 年 3 月，邓小平同志在法国里昂。

1938年春，邓小平同志在山西黎城县向部队进行战斗动员。

解放战争中的邓小平同志。

的胜利和新中国的诞生，立下了赫赫战功，成为中华人民共和国的开国元勋。

二、为中国社会主义制度的建立、巩固和发展进行了艰辛探索

中华人民共和国成立后，我们党面临着怎样从新民主主义向社会主义过渡，以及探索一条在经济文化比较落后的条件下建设社会主义道路的任务。邓小平同志积极、务实地参与了这一探索的全过程。新中国成立之初，他领导了西南全区的政权建设、社会改造和经济恢复，开创了西南地区稳定、发展的新局面。1952 年他调到北京参加中央领导工作，先后担任政务院副总理、党中央秘书长、国务院副总理等。他在党的八大上作关于修改党章的报告，提出和深刻论述了党在执政条件下加强自身建设的任务，要求全党坚持群众路线和民主集中制，健全各级党组织的集体领导。在党的八届一中全会上，他当选为中共中央政治局常委、总书记，成为以毛泽东同志为核心的党的第一代中央领导集体的重要成员。他主持中央书记处工作 10 年，为社会主义制度的建立和社会主义建设的展开，为探索适合中国情况的建设社会主义的道路，为克服主要由于“左”的错误而出现的三年经济困难，进行了卓有成效的工作，提出了许多正确主张。1962 年，许多农村的干部和群众要求实行包产到户，他对此明确

指出：哪种生产关系的形式在哪个地方能够比较容易比较快地恢复和发展农业生产，就采取哪种形式；群众愿意采取哪种形式，就应该采取哪种形式。这一论断符合马克思主义关于生产关系必须适合生产力发展要求的原理，同他以后推行改革开放的指导思想一脉相承。

“文化大革命”中，在受到错误的批判和斗争后，邓小平同志直接感受到基层社会的情况和人民群众的意愿，再一次冷静地思考中国社会主义发展道路问题。他于 1973 年复出，1975 年主持党、国家和军队的日常工作。针对“文化大革命”以来造成的严重混乱局面，他强调敢字当头，横下一条心，进行了大刀阔斧的整顿。这次整顿实际上是纠正“文化大革命”的错误，成为新时期全面拨乱反正的预演和改革开放的试验，在短时间内就取得显著成效，受到全国人民的衷心拥护。虽然他又被指责为搞“右倾翻案风”，再度被错误地撤职、批判，但是，整顿的业绩和他在整顿中表现出来的风骨，为粉碎“四人帮”，实行改革开放，奠定了深厚的群众基础。

三、为开辟中国特色社会主义道路建立不朽功勋

粉碎“四人帮”、结束“文化大革命”后，中国处在向何处去的重大历史关头。在广大党员干部和人民群众的迫切要求下，邓小平同志再次复出。十年内乱造成的灾难性后

1956 年 9 月，邓小平同志在中国共产党第八次全国代表大会上作关于修改党的章程的报告。

1975 年，邓小平同志主持党政军日常工作，同“四人帮”进行针锋相对的斗争，进行大刀阔斧的全面整顿，取得显著成效。

果、中国发展落后的状况和当时的国际形势，特别是在“文化大革命”中的起落，引起了他的全面反思，最集中的一个问题是“什么是社会主义、怎样建设社会主义”。他指出，我们的经验教训有许多条，最重要的一条，就是要搞清楚这个问题。他以马克思主义政治家的巨大政治勇气和理论勇气，领导拨乱反正，推动改革开放，对这个问题作出了科学回答，成功开创了中国特色社会主义。

邓小平同志从拨乱反正入手，推动历史的大转折。他面对“文化大革命”造成的严峻局面，在千头万绪中首先抓住端正思想路线这一决定性环节，强调实事求是是毛泽东思想的精髓，旗帜鲜明地反对“两个凡是”的错误观点，支持和领导开展真理标准问题的讨论。在他指导下，党的十一届三中全会重新确立了党的实事求是的思想路线，实现了党的思想路线的拨乱反正；确定把党和国家的工作中心转移到经济建设上来，实现了党在政治路线上的拨乱反正；形成以邓小平同志为核心的党的第二代中央领导集体，取得了组织路线拨乱反正的最重要成果。这次全会实现了党的历史上具有深远意义的伟大转折，开启了改革开放的新时期。随后，他以一个伟大马克思主义政治家的眼界和胸怀，坚持科学地评价毛泽东同志的历史地位和毛泽东思想的科学体系，根本否定了“文化大革命”的错误实践和理论，同时坚决顶住否定毛泽东同志和毛泽东思想的错误思潮。他亲自领导和推动各条战线拨乱反正的全面展开，平反了一系列冤假错案，妥善解决了大量遗留的历史问题，使中国逐步从“文化大革命”造成的混乱局面中摆脱出来，为进行社会主义现代化建设、实行全面改革开放创造了必要的前提条件。

邓小平同志着眼于对时代、形势发展的新认识，发出了“走自己的道路，建设有中国特色的社会主义”的响亮号召，领导我们党成功地走出了一条建设中国特色社会主义的新道路。他始终坚持以经济建设为中心，坚持四项基本原则，坚持改革开放，确立了党在社会主义初级阶段的基本路线；正确认识我国所处的发展阶段和根本任务，制定现代化建设“三步走”发展战略，分阶段、有步骤地推进各方面体制改革，勇敢地打开对外开放的大门，提出“一国两制”构想促进祖国和平统一，推动国防和军队现代化建设，打开外交工作新局面；强调加强党的领导必须改善党的领导，聚精会神抓党的建设，使党和国家走在时代潮流的前面，使我国社会主义事业和党的建设充满新的生机和活力。20 世纪 80 年代末 90 年代初，国际国内发生政治风波，中国再次面临着向何处去的重大历史关头。1992 年初，邓小平同志视察南方并发表重要谈话，科学总结了党的十一届三中全会以来的实践和经验，从理论上深刻回答了长期困扰和束缚人们思想的许多重大认识问题。以此为标志，中国更加坚定地迈开了改革开放的新步伐，更加坚定地举起了中国特色社会主义的伟大旗帜。

1978 年 12 月，邓小平同志在中共十一届三中全会上。

1992 年 1 月 18 日至 2 月 21 日，邓小平同志视察武昌、深圳、珠海、上海等地，发表重要谈话。

四、为创立邓小平理论作出历史性贡献

邓小平同志留给我们的最可宝贵的精神财富，就是他创立的邓小平理论和在这个理论指导下制定的党在社会主义初级阶段的基本路线。邓小平理论是在和平与发展成为时代主题的历史条件下，在我国改革开放和社会主义现代化建设的实践中，在总结我国社会主义胜利和挫折的历史经验并借鉴其他社会主义国家兴衰成败历史经验的基础上，形成和发展起来的。在党的十一届三中全会和十二大、十三大特别是十四大的基础上，党的十五大把邓小平理论确立为党的指导思想。这是我们党作出的历史性决策。

邓小平同志以其高瞻远瞩的政治远见和深厚的马克思主义理论修养，抓住"什么是社会主义、怎样建设社会主义"这个根本问题，第一次比较系统地初步回答了在中国这样经济文化比较落后的国家如何建设社会主义、如何巩固和发展社会主义的一系列基本问题，用新的思想观点，继承和发展了马克思主义，开拓了马克思主义新境界，把对社会主义的认识提高到新的科学水平，创立了邓小平理论。他提出：我国还处在社会主义初级阶段，巩固和发展社会主义制度需要我们几代人、十几代人，甚至几十代人坚持不懈地努力奋斗；社会主义的本质是解放生产力，发展生产力，消灭剥削，消除两极分化，最终达到共同富裕；发展才是硬道理，

必须抓住时机，发展自己；科学技术是第一生产力，必须尊重知识、尊重人才；在农村实行联产承包责任制；允许一部分地区、一部分人先富裕起来，先发展起来的地区带动和帮助后发展的地区；计划和市场都是经济手段，计划多一点还是市场多一点，不是社会主义与资本主义的本质区别；没有民主就没有社会主义，就没有社会主义现代化，必须使民主制度化、法律化；必须推进党和国家领导制度的改革，废除干部领导职务终身制；统一战线是一个重要法宝，要团结一切可以团结的力量，为把我国建设成为社会主义现代化强国、为完成祖国统一大业而共同奋斗；用“一国两制”的科学构想解决台湾问题和香港问题、澳门问题；和平与发展是当代世界两大主题，必须坚持独立自主的和平外交政策，为我国现代化建设争取有利的国际环境；以现代化建设为中心，走有中国特色的精兵之路；党必须适应改革开放和现代化建设的需要，不断加强和改善对各方面工作的领导，加强和改善自身建设等。

邓小平理论是马克思列宁主义基本原理同当代中国实际和时代特征相结合的产物，是对毛泽东思想在新的历史条件下的继承和发展，是中华民族振兴和发展的强大精神支柱。邓小平理论永远是中国共产党人理论宝库的重要组成部分，是我们党必须长期坚持的指导思想。

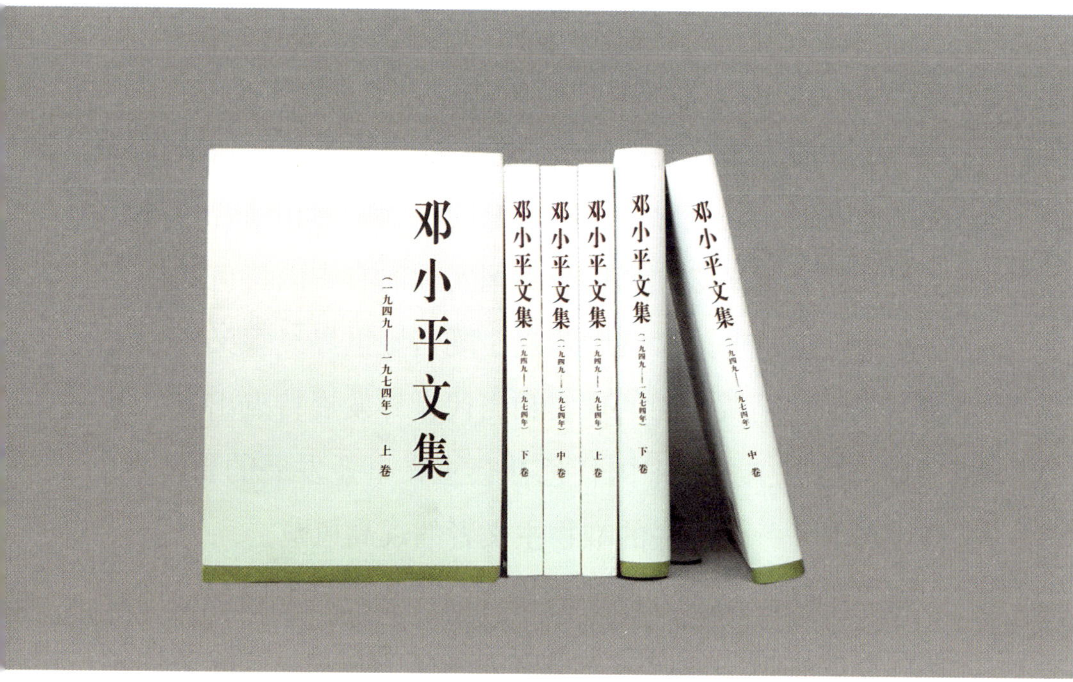

《邓小平文集（一九四九——一九七四年）》出版发行。

五、为党和人民事业不懈奋斗树立了光辉榜样

邓小平同志波澜壮阔的革命生涯，“三落三起”的传奇经历，充分展现了一位世纪伟人的崇高风范，给我们树立了光辉榜样。

邓小平同志始终坚持解放思想、实事求是，一切从实际出发。他强调：马克思主义必须是同中国实际相结合的马克思主义，社会主义必须是切合中国实际的有中国特色的社会主义。他既继承前人又突破陈规，既借鉴世界经验又不照搬别国模式，总是从中国的现实和当代世界发展特点出发，不断开拓马克思主义和中国特色社会主义事业发展的新境界，充分表现出了一个彻底的唯物主义者的崇高风范。

邓小平同志热爱人民、心系人民，始终对人民群众怀着无比深厚的感情。他说：我是中国人民的儿子，我深情地爱着我的祖国和人民。他坚持人民是推动历史发展的根本力量的观点，坚持以人民的利益为最高准则，坚持人民的事业必胜的信念，充分反映了一名真正共产党人的世界观、人生观、价值观。

邓小平同志崇尚实干、英勇果敢，关键时刻更是表现出非凡的胆略和勇气。他强调：领导者必须多干实事。在国家和民族发展的重大关头，他总是勇挑重担、顽强拼搏，奋力打开党和人民事业的新局面，充分反映了一个真正的党的领

导干部埋头苦干、敢于担当的精神。

邓小平同志目光远大、襟怀宽广，始终站在国际国内大局相互联系的高度审视中国和世界的发展问题。他提出应当把发展问题提到全人类的高度来认识，要从这个高度去观察问题和解决问题，这充分反映了一位世界伟人的深邃战略眼光和恢弘政治气魄。

邓小平同志无私无畏、光明磊落，始终把为党和人民的事业顽强奋斗作为执着的人生追求。他在受到错误打击、处于逆境时，从不消沉，总是由此更加深入地思索中国革命和建设的经验教训和根本规律问题，进而有新的更大作为，充分反映了一位世纪伟人心底无私天地宽的品格和坚韧不拔的意志。邓小平同志的崇高品德、博大胸怀、卓越胆识和风格，已经并将永远鼓舞我们始终保持党的先进性和纯洁性，战胜前进道路上的一切困难。

道路决定命运。90多年来，我们党独立自主探索并形成了符合中国实际的新民主主义革命道路、社会主义改造和社会主义建设道路、中国特色社会主义道路，从根本上改变了中国人民和中华民族的前途命运。找到一条正确道路是多么不容易，坚持和发展这条道路同样不容易。邓小平同志为中国特色社会主义这篇“大文章”确定了基本思路和基本原则。以江泽民同志为核心的党的第三代中央领导集体、以胡锦涛同志为总书记的党中央在这篇“大文章”上写下了精彩的篇章，以习近平同志为核心的新一届党中央正在接力书写这篇

2019 年 10 月 1 日，庆祝中华人民共和国成立 70 周年大会的群众游行方阵，簇拥着邓小平同志巨幅面像经过天安门。

“大文章”。今天，我们纪念邓小平同志，就是要永远铭记他的历史功勋，学习研究他的光辉思想，继承弘扬他的崇高风范，更加紧密地团结在以习近平同志为核心的党中央周围，高举中国特色社会主义伟大旗帜，为全面建成小康社会，实现中华民族伟大复兴的中国梦而努力奋斗！

精髓、本质、国情与邓小平理论*

精髓问题是邓小平理论的哲学基础，本质问题是邓小平理论的科学社会主义理论基础，国情问题是邓小平理论的立论基础。

一、解放思想、实事求是，走自己的路

（一）解放思想、实事求是思想路线的重新确立

实事求是的思想路线来之不易，它是以毛泽东同志为主要代表的中国共产党人把马克思列宁主义的基本原理与中国革命的具体实际相结合，经过长期的艰辛探索而得来的。当时的中国国情非常复杂，社会性质是半殖民地半封建的社会。敌人异常的强大，民族资产阶级具有两面性，农民人口

* 原载《青海学刊》1995 年第 3 期，本文是作者在全省宣传部长学习《纲要》培训班上第一讲的讲课提要，原文标题为《精髓 · 本质 · 国情》。

众多，无产阶级十分弱小，在这样的国度里，靠背诵马克思列宁主义一般原理和照搬外国经验，不能解决问题。在党的历史上，一些教条主义者、机会主义者所犯的“左”右倾错误，几乎使中国革命陷于绝境。毛泽东同志领导我们党克服了党内曾经盛行的把马克思主义教条化，把共产国际决议和苏联经验神圣化的错误倾向，使人们的思想从这种精神枷锁下解放出来，在全党确立了实事求是的思想路线。毛泽东同志把马克思列宁主义基本原理和中国具体实际相结合，开创了一条前人没有走过的中国自己的革命道路。正是有了这样一个正确的思想路线，我们党根据各个历史时期形势和任务的需要，制定了正确的政治路线，以及相关的革命战略和策略，取得了新民主主义革命的胜利，取得了社会主义改造的巨大成功，取得了社会主义建设的巨大成就。粉碎“四人帮”以后，我们党遇到了“两个凡是”的严重障碍，为了冲破禁锢，打开局面，邓小平同志以马克思主义者的非凡胆略和科学态度，号召全党“解放思想、实事求是”，恢复和发展了毛泽东同志倡导的马克思主义思想路线。为此，他强调提出了毛泽东思想的精髓、根本是实事求是，领导和支持了实践是检验真理的唯一标准的大讨论，开始解决党的思想路线的问题。党的十一届三中全会，我们党成功实现了党和国家工作中心的战略转移，重新确立了马克思主义的思想路线。

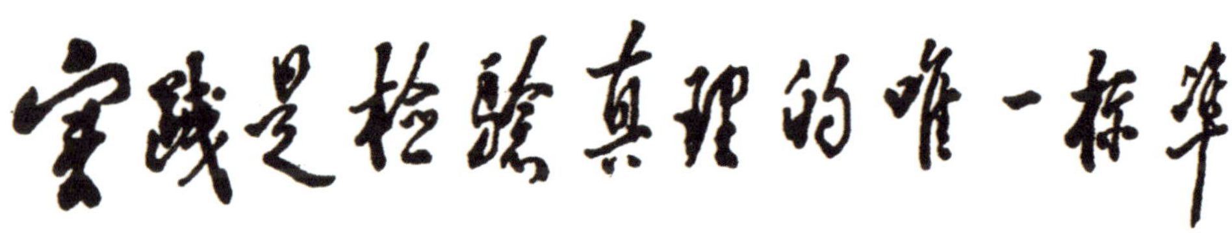

邓小平同志“实践是检验真理的唯一标准”手书。

（二）解放思想、实事求是的科学内涵

实事求是的概括是毛泽东同志的功劳。实事求是是中国古代思想家曾使用过的一个概念。毛泽东同志在新的历史条件下，对其进行了革命的改造，赋予其全新的含义，用它来对马克思主义的认识论进行了生动、简明、具体、形象的中国式的概括和说明，并规定为中国共产党人的思想路线。什么是实事求是？用毛泽东同志的话说："实事"就是存在着的客观事物，"求"就是去探索、去研究，"是"就是事物本身固有的而不是臆造的规律。实事求是就是从客观存在着的一切事物中去探索、去研究，寻找出事物的客观规律来。

解放思想、实事求是的提出是邓小平同志的贡献。在拨乱反正中，邓小平同志不但提出要重新确立和恢复党的实事求是的思想路线，而且在实事求是的前面又加上了四个字——"解放思想"。他在 1978 年中央工作会议上所作的报告题目就是《解放思想，实事求是，团结一致向前看》。这个报告，实际上成为党的十一届三中全会的主题报告，成为解放思想、开辟新时期新道路的宣言书。那么，邓小平同志对解放思想、实事求是是怎样表述的呢？他说："我们讲解放思想，是指在马克思主义指导下打破习惯势力和主观偏见的束缚，研究新情况，解决新问题。""解放思想，就是使思想和实际相符合，使主观和客观相符合，就是实事求是。"从中我们可以看到，邓小平同志所讲的解放思想、实事求是与

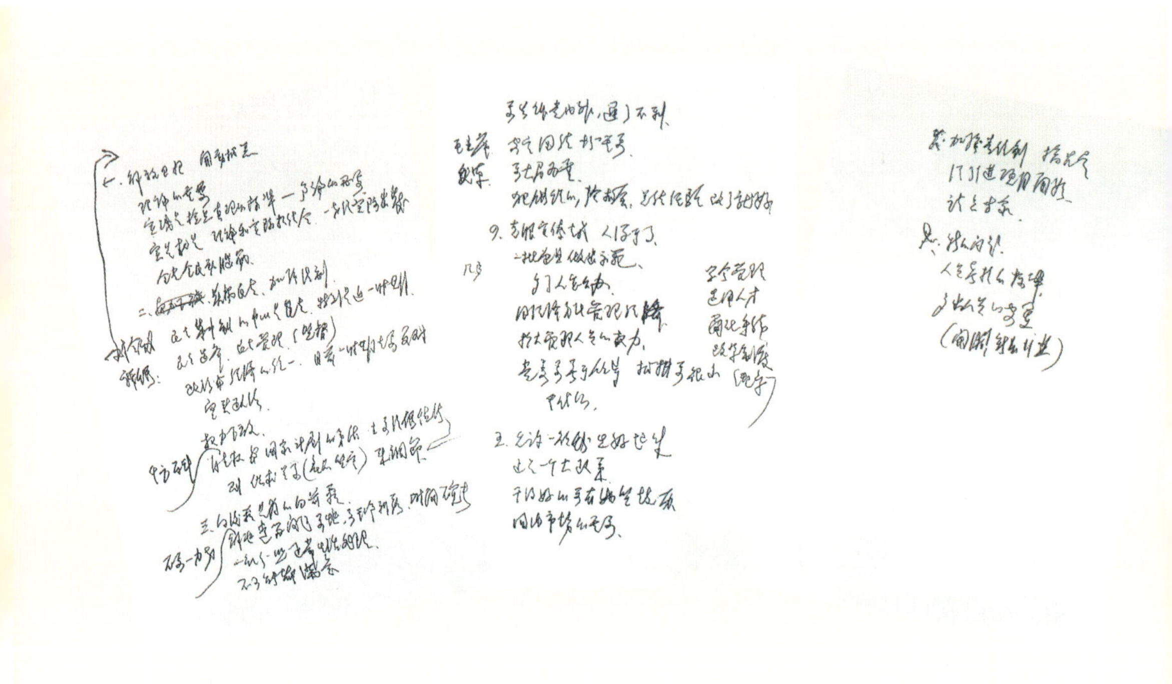

邓小平同志亲拟的《解放思想，实事求是，团结一致向前看》的讲话提纲。

毛泽东同志所讲的实事求是是一脉相承的，本质内容是完全一致的。只有解放思想，才能达到实事求是；只有实事求是，才是真正的解放思想。

（三）解放思想、实事求是在实践中的作用

这里主要从历史的回顾来看一下，我们党重新确立这一思想路线以后，在实践中所发生的作用。在实践中的作用可以从两个历史阶段来看，1978 年至 1981 年的拨乱反正阶段和 1982 年以来的全面改革阶段。在第一阶段，解放思想、实事求是思想路线的重新确立，使广大干部和群众从过去一个时期盛行的教条主义的精神枷锁中解脱出来。思想上的拨乱反正为政治上的拨乱反正创造了前提条件，“以阶级斗争为纲”的错误方针被果断地抛弃，大量冤假错案得到平反，党和国家的工作重点实行转移。党的十一届六中全会通过的《关于建国以来党的若干历史问题的决议》，把毛泽东思想同毛泽东同志晚年的错误区别开来，根本否定了“文化大革命”和“无产阶级专政下继续革命的理论”。坚决顶住了否定毛泽东同志和毛泽东思想的错误思潮，肯定了毛泽东同志的历史功绩，肯定了毛泽东思想的指导地位。

在第二阶段，解放思想、实事求是思想路线的重新确立，使广大干部和群众从那些被实践证明为不合乎中国实际，不合乎时代进步潮流，不合乎经济和社会发展规律的条条框框中解放出来。农村家庭联产承包责任制的实行，乡镇

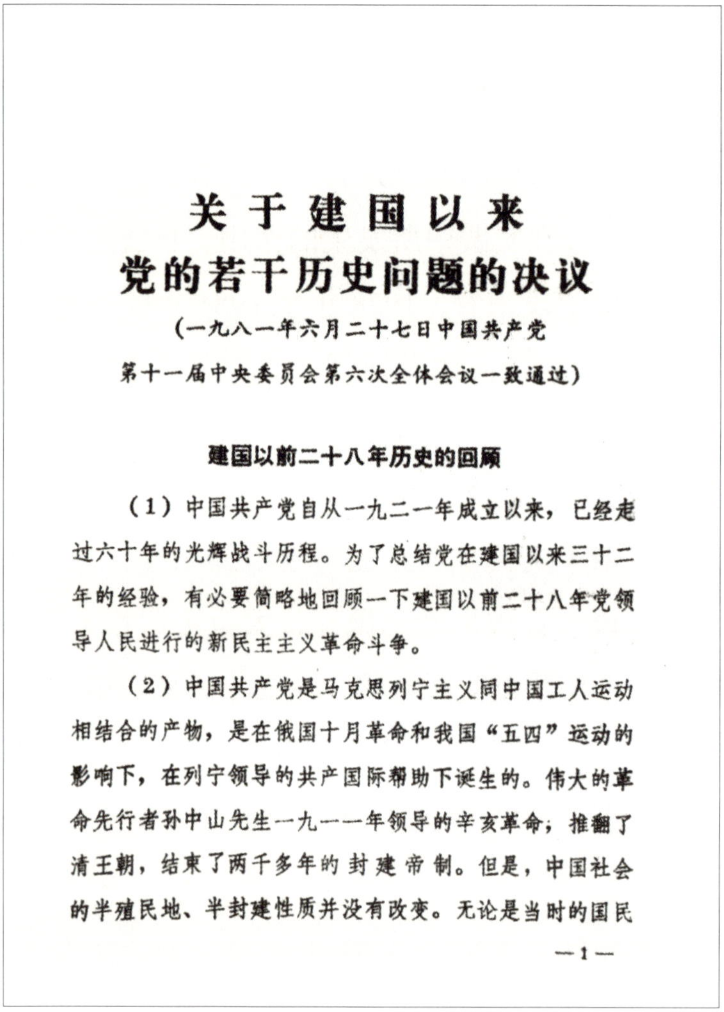

关于建国以来党的若干历史问题的决议

（一九八一年六月二十七日中国共产党第十一届中央委员会第六次全体会议一致通过）

建国以前二十八年历史的回顾

（1）中国共产党自从一九二一年成立以来，已经走过六十年的光辉战斗历程。为了总结党在建国以来三十二年的经验，有必要简略地回顾一下建国以前二十八年党领导人民进行的新民主主义革命斗争。

（2）中国共产党是马克思列宁主义同中国工人运动相结合的产物，是在俄国十月革命和我国“五四”运动的影响下，在列宁领导的共产国际帮助下诞生的。伟大的革命先行者孙中山先生一九一一年领导的辛亥革命，推翻了清王朝，结束了两千多年的封建帝制。但是，中国社会的半殖民地、半封建性质并没有改变。无论是当时的国民

—1—

党的十一届六中全会通过的《关于建国以来党的若干历史问题的决议》。

企业的异军突起，经济特区的创办，外资的引进，沿海、沿边、沿江和内陆省会城市多层次全方位开放格局的逐渐形成，等等。我国经济得到较快发展，社会面貌发生了极大变化，社会主义中国已经以一个崭新的姿态屹立于世界的东方。以 1992 年邓小平同志南方谈话为标志，“东方风来满眼春”，我国改革开放和社会主义现代化建设进入了新的历史阶段。

（四）解放思想、实事求是在邓小平理论中的地位

精髓、灵魂、根本这样一些字眼，可以说已经准确地概括了它在邓小平理论中的地位。那么，具体地说，邓小平理论是一个宏大的科学体系，它是由一系列的观点、论断、原理所组成。解放思想、实事求是对所有的理论观点、思想原理起支配和统率作用，属于这个理论体系的最中间，即“内核”。它既是“外围”各种具体的观点、论断、原理提出和形成的依据，又是联结这些具体的观点、论断、原理的纽带，还是在“外围”创造、增加各种新观点、新论断、新原理的策源地。

从邓小平理论的全部内容看，每项内容都体现了解放思想、实事求是的意蕴，都贯穿了解放思想、实事求是的思想，反过来说，每项内容本身就是解放思想、实事求是的产物。如果没有解放思想、实事求是的精神，就不可能正确认识社会主义本质，就不可能提出中国特色社会主义道路问

题，也就不可能准确把握国情、提出党在社会主义初级阶段的理论和基本路线，也就不可能提出改革开放，不可能确立建立社会主义市场经济体制的目标、科学地制定出“三步走”的发展战略，不可能正确判断国际形势、进行外交政策的调整，也不可能提出解决台湾、香港、澳门问题的“一国两制”构想。

（五）学习贯彻党的思想路线应注意的几个问题

第一，解放思想、实事求是是辩证的统一关系，我们必须将其作为一个整体来对待。解放思想，离开了实事求是不行；实事求是，离开了解放思想也不行。只有解放思想，才能达到实事求是；只有实事求是，才能真正地解放思想，两者互为前提和条件。我们不能将解放思想作为不切实际的“幻想”、“狂想”、“乱想”的盾牌，也不能将实事求是作为因循守旧、不思进取的遁词。解放思想、实事求是要求人们创造性地思维和创造性地行动，它是创造的代名词，是革命的代名词。思想是真解放还是假解放，以实事求是为落脚点规定其性质和方向；实事求是是真是假，以解放思想为出发点，用实践标准和“三个有利于”标准进行具体的衡量和检验。

第二，解放思想、实事求是在实践中是一个永无止境的过程，对任何真理的获得不可能一劳永逸。我们常说生命之树常青，理论是灰色的，就是指一切要以时间、地点、条件为转移，认识要随着实践的发展而前进。既然解放思想、实事求是是我们党永葆生机和活力的法宝，我们就有一个不断解放思想的问题，有个不断思考，不断探索，不断实践，不断使主观客观相统一，认识实践相一致的问题。在当今复杂的国际环境下，在以经济建设为中心，发展社会主义市场经济，建设社会主义民主政治，建设社会主义精神文明，我们只有坚持解放思想、实事求是的思想路线，才能正确认识世界发展的大势，才能借鉴别国现代化的经验服务于我国社会主义现代化建设的实践，才能把中央的决策同本地区本部门的具体实践结合起来，从实际出发创造性地工作，完成现代化建设和改革开放的历史使命。

第三，解放思想、实事求是，必须坚持“三个结合”，即理论与实际相结合，原则性与灵活性相结合，坚持真理与纠正失误相结合。脱离实际的理论毫无意义，没有理论的实际会失去行动的向导；原则坚定是为了瞄准目标，扭住不放，策略灵活是为了减少前进中的阻力；坚持真理是为了排除谬误，纠正失误是为了回归真理。因此，在现实生活中，我们要解放思想、实事求是，必须要坚持“三个结合”，这样我们才能在克服主观主义、盲目性、片面性、绝对化，坚持唯物辩证法，按客观规律办事的基础上，有所发现，有所发明，有所创造，有所前进。

二、最重要的是搞清楚什么是社会主义、怎样建设社会主义

（一）社会主义本质问题的提出

什么是社会主义、怎样建设社会主义，是邓小平同志在领导改革开放和社会主义现代化建设的历史过程中，不断提出和反复思考的首要的基本的理论问题。什么是社会主义问题首先不是从理论上，而是从现实中提出来的。20 世纪 50 年代以来，国际共产主义运动不断遭受挫折，“文化大革命”十年使我国与世界发达国家的差距进一步拉大了。严酷的现实，迫使我们来思考这个问题。邓小平同志正是基于实践上对社会主义的反思，以政治家的胆略和勇气，提出了搞清楚什么是社会主义、怎样建设社会主义的问题。邓小平同志指出:“什么叫社会主义，什么叫马克思主义？我们过去对这个问题的认识不是完全清醒的。”“我们建设社会主义的方向是完全正确的，但什么叫社会主义，怎样建设社会主义，还在摸索之中。”“我们马克思主义者过去闹革命，就是为社会主义、共产主义崇高理想而奋斗。现在我们搞经济改革，仍然要坚持社会主义道路，坚持共产主义的远大理想，……但问题是什么是社会主义，如何建设社会主义。我们的经验教训有许多条，最重要的一条，就是要搞清楚这个问题。”我

们社会主义在改革开放前所遇到的曲折和失误，归根到底就在于对这个问题没有完全搞清楚；改革开放以前在前进中遇到的一些疑虑和困惑，归根到底也在于对这个问题没有完全搞清楚。邓小平同志对什么是社会主义的回答，提出了社会主义的本质问题，对怎样建设社会主义的回答，提出了社会主义的发展道路问题。

（二）社会主义本质论的科学内涵

邓小平同志对社会主义本质的思考首先是从生产力问题上入手的。1980 年，邓小平同志指出："社会主义是一个很好的名词，但是如果搞不好，不能正确理解，不能采取正确的政策，那就体现不出社会主义的本质。""不解放思想不行，甚至于包括什么叫社会主义这个问题也要解放思想。经济长期处于停滞状态总不能叫社会主义。人民生活长期停止在很低的水平总不能叫社会主义。""根据我们自己的经验，讲社会主义，首先就要使生产力发展，这是主要的。只有这样，才能表明社会主义的优越性。"1984 年，他又指出："社会主义根本任务是发展生产力。"其次，邓小平同志是从共同富裕来思考这个问题的。1986 年，邓小平同志指出："社会主义是共产主义第一阶段，当然这是一个很长很长的历史阶段。社会主义时期的主要任务是发展生产力，使社会物质财富不断增长，人民生活一天天好起来，为进入共产主义创造物质条件。不能有穷的共产主义，同样也不能有穷的社会主义。致富不是罪过。”“社会主义财富属于人民，社会主义致富是全民共同致富。”1988 年，邓小平同志又指出：“社会主义的特点不是穷，而是富，但这种富是人民共同富裕。”1990 年底，邓小平同志又指出：“社会主义不是少数人富起来，大多数人穷，不是那个样子。社会主义最大的优越性就是共同富裕，这是体现社会主义本质的一个东西。”邓小平同志在不断思考、不断探索中，于 1992 年初南方谈话中，对社会主义本质这一重大问题作出了总结性的高度理论概括，这就是：“社会主义的本质，是解放生产力，发展生产力，消灭剥削，消除两极分化，最终达到共同富裕。”五句话不能分割，缺一不可，是一个完整的整体，凝结着沉重的反思和深刻的历史经验教训的总结，从最高、最深、最实的层次上阐明了社会主义的本质，从而也就树立和展示了社会主义对于人类和历史的根本价值。

（三）社会主义本质论的新意和特点

社会主义本质论的新意和特点表现在以下几个方面：首先，这一概括把解放和发展生产力放在社会主义本质特征的首位，确认发展生产力是社会主义的内在规定性。我们知道，准确地揭示事物的本质，是在最高层次上对该事物作出理论界定。邓小平同志对社会主义本质的概括，是对什么是社会主义的问题作出的完整而准确的回答。在其中把生产力问题列在首位，是明确肯定发展生产力是社会主义内在的、本质的规定性。纠正了以往那种只从生产关系上给社会主义下定义的偏颇，是真正符合马克思主义历史唯物主义的。

其次，这一概括把在社会主义条件下发展生产力和通过改革解放生产力“两个讲全了”。从社会发展史上看，以社会主义代替资本主义，本身是实现了生产力的一次大解放。邓小平同志对社会主义本质的概括，从社会主义制度建立后仍然存在生产力和生产关系、经济基础和上层建筑之间矛盾出发，从这种矛盾在我国现时期表现的具体关系出发，肯定了社会主义仍有不断地解放生产力的任务，肯定了改革是推动生产力发展的巨大社会动力。在我国现时期，改革要从根本上改变束缚生产力的经济体制，所以它是一次革命；从改革带来的经济关系的调整和上层建筑的相应变化来看，它是社会主义制度的自我完善。

第三，这一概括从基本生产关系方面和社会主义基本制度方面，把消灭剥削和消除两极分化列为社会主义的本质要素。社会主义与资本主义在经济关系上的本质区别，在于它以消灭剥削、消除两极分化为本质特征。消灭剥削、消除两极分化是建立和发展社会主义基本制度的前提。在邓小平社会主义本质论的概括中，尽管没有提出公有制和按劳分配，但实际是涵盖其中的。因为邓小平同志在其他场合多次讲到社会主义有两个原则：一是公有制为主体，一是共同富裕。他还提出只要我们坚持按劳分配为主，就可以防止两极分化。尽管他没有提出社会主义的公有制和按劳分配这个手段，但明确指出了通过这个手段达到的目的，就是消灭剥削，消除两极分化，最后达到共同富裕。这就从最高层次上高度抽象地概括了社会主义本质。这样的概括要求我们从发展生产力和达到共同富裕去认识坚持社会主义基本制度的重要性，也由此去确认公有制和按劳分配在不同条件下的实现程度、范围和方式，而避免就生产关系说生产关系，乃至重蹈盲目追求“一大二公三纯”的公有制覆辙。

第四，这一概括，把解放和发展生产力，消灭剥削和消除两极分化，最终达到共同富裕统一为逻辑严密的整体，深刻揭示了其中一系列辩证关系。发展生产力要求不断地解除对生产力的束缚，解放生产力，是为了进一步发展生产力，二者统一构成了社会主义的根本任务；消灭剥削、消除两极分化，坚持社会主义所有制和分配制度，分别是同一事物的两个侧面；解放和发展生产力，创造物质条件，消灭剥削和消除两极分化意味着提供制度保障，两方面统一于人民共同富裕；共同富裕的目标最能调动最广大人民群众的积极性，为生产发展提供永不枯竭的要求，因而是发展生产力的最强大的动力，而共同富裕的实现要靠生产力高度发展，二者以社会主义制度为纽带相辅相成。

总之，邓小平社会主义本质论是社会主义社会生产力和生产关系的统一，是社会主义根本任务和根本目标的统一，是社会主义物质基础和社会关系的统一，是社会主义根本手段和终极目的的统一，是社会主义发展过程和最后结果的统一。这一理论，是邓小平同志坚持科学社会主义基本原则，在探索中国特色社会主义问题上所取得的最重大理论成果，是对马克思主义的重大发展。邓小平理论的众多观点和原理都是围绕着这个中心而广泛展开的。邓小平的社会主义本质论，反映了人民的根本利益和时代要求，廓清了不合乎时代进步和社会发展规律的模糊观念，摆脱了长期以来拘泥于具体模式而忽略社会主义本质的错误倾向，深化了对科学社会主义的认识。对于我们在坚持社会主义基本制度基础上推进改革，指导改革沿着合乎社会主义本质要求的方向发展，对于建设中国特色社会主义具有重大的政治意义、理论意义和实践意义。

（四）正确把握社会主义本质论需要明确的一个问题

要明确社会主义本质与社会主义市场经济的关系问题。市场经济作为发展经济的手段，既可以为资本主义国家所用，也可以为社会主义国家所用，其本身没有阶级属性。但是，我们也必须看到市场经济不是脱离社会制度，不受社会制度性质的制约而孤立存在的，不同社会制度下的市场经济总是同该社会基本制度结合在一起的，是体现该社会本质的，因而不同社会制度下的市场经济具有不同的性质。资本主义市场经济是与资本主义基本制度结合在一起的并受其制约的，是体现资本主义本质的；社会主义市场经济则是与社会主义基本制度结合在一起的并受其制约的，是体现社会主义本质的。社会主义市场经济与资本主义市场经济是两种不同性质的市场经济，不能把它们混同起来。社会主义市场经济的表现特征是，以公有制为主体多种所有制经济共同发展，以按劳分配为主体多种分配方式并存，共产党的领导，人民民主专政，马克思主义的思想指导地位等。发展社会主义市场经济，不能削弱党的领导，不能损害工人、农民、知识分子等广大人民的根本利益，不能否定马克思主义在全社会的指导作用。

这里值得一提的是，有一种说法认为，以社会主义市场经济为经济体制改革的目标模式去解放和发展生产力，势必产生和拉大人们收入上的差距，乃至出现剥削和阶级分化，因而与社会主义本质是相矛盾的。我们说，市场经济确实会使各企业、各个人之间的竞争激烈起来，从而在一定条件下扩大地区、个人之间在收入和生活水平上的差距，在非公有制经济中还会助长剥削，但是我们绝不会允许剥削阶级的出现，我们会依靠政权的力量，不断完善各项法律法规和政策，健全体制，把由于劳动和经营的差别而带来的收入差别限制在合理的限度内；通过使私有经济在整个国民经济中处于从属的地位，使那里产生的剥削现象不至于危害社会主义整体；更主要的是，由于社会主义市场经济将大大有助于解放生产力、发展生产力和加强公有制经济，这就从根本上为消灭剥削，消除两极分化，最后达到共同富裕奠定了物质基础。

中共中央关于经济体制改革的决定

（中国共产党第十二届中央委员会第三次全体会议一九八四年十月二十日通过）

中国共产党第十二届中央委员会第三次全体会议，分析了我国当前的经济和政治形势，总结了我国社会主义建设正反两方面的经验，特别是近几年城乡经济体制改革的经验，一致认为：必须按照把马克思主义基本原理同中国实际结合起来，建设有中国特色的社会主义的总要求，进一步贯彻执行对内搞活经济、对外实行开放的方针，加快以城市为重点的整个经济体制改革的步伐，以利于更好地开创社会主义现代化建设的新局面。

一、改革是当前我国形势发展的迫切需要

我国经济体制的改革，已经经过了几年的酝酿和实践。十一届三中全会在决定把全党工作重点转到经济建设上来的同时就着重指出，为了实现社会主义现代化，必须对经济体制进行改革。那次全会以后，全党在拨乱反正和调整国民经济方面进行了大量工作，改革主要在农村进行。在完成指导思想上的拨乱反正、实现历史性伟大转折的基础上，党的十二大明确提出了有系统地进行经济体制改革的任务，并且指出这是坚持社会主义道路、实现社会主义现代化的重要保证。近两年来特别是今年以来，党中央、国务院又作出了一系列重要决策和指示，推动了各项改革的广泛深入发展。

我国经济体制改革首先在农村取得了巨大成就。长期使我们焦虑的农业生产能够在短时期内蓬勃发展起来，显示了我国社会主义农业的强大活力，根本原因就在于大胆冲破"左"的思想束缚，改变不适应我国农业生产力发展的体制，全面推行了联产承包责任制，发挥了八亿农民的巨大的社会主义积极性。目前农村的改革还在继续发展，农村经济开始向专业化、商品化、现代化转变，这种形势迫切要求疏通城乡流通渠道，为日益增多的农产品开拓市场，同时满足农民对工业品、科学技术和文化教育的不断增长的需求。农村改革的成功经验，农村经济发展对城市的要求，为以城市为重点的整个经济体制的改革提供了极为有利的条件。

近几年以城市为重点的整个经济体制改革也已经进行了许多试验和探索，采取了一些重大措施，取得了显著成效和重要经验，使经济生活开始出现了多年未有的活跃局面。但是城市改革还只是初步的，城市经济体制中严重妨碍生产力发展的种种弊端还没有从根本上消除。目前，城市企业经济效益还很低，城市经济的巨大潜力还远远没有挖掘出来，生产、建设和流通领域中的种种损失和浪费还很严重。加快改革是城市经济进一步发展的内在要求。城市是我国经济、政治、科学技术、文化教育的中心，是现代工业和工人阶级集中的地方，在社会主义现代化建设中起着主导作用。只有坚决地系统地进行改革，城市经济才能兴旺繁荣，才能适应对内搞活、对外开放的需要，真正起到应有的主导作用，推动整个国民经济更好更快地发展。

还应该看到，正在世界范围兴起的新技术革命，对我国经济的发展是一种新的机遇和挑战。这就要求我们的经济体制，具有吸收当代最新科技成就，推动科技进步，创造新的生产力的更加强大的能力。因此，改革的需要更为迫切。

当前我国安定团结的政治局面日益巩固，经济调整工作取得了重大成绩，国民经济持续增长，第六个五年计划的主要指标提前完成，国家财政状况逐步好转，全党同志和全国各族人民对社会主义现代化建设的信心大为增强，加快经济体制改革的愿望更加强烈。特别是中央和省、自治区、直辖市一级全面整党的健康发展，已经和正在端正各条战线现代化建设的业务指导思想，明确改革的方向。现在，全面改革经济体制的条件已经具备，我们有必要也有可能比较系统地提出和阐明改革中的一系列重大问题，以利于统一和提高全党同志特别是领导干部的认识，使改革更加卓有成效地进行，使社会主义优越性进一步得到发挥。中央希望并且相信，如同十一届三中全会在实行拨乱反正，提出改革任务，推动农村改革方面起了伟大的历史作用那样，十二届三中全会在制订全面改革蓝图，加快改革步伐，推动以城市为重点的整个经济体制的改革方面，也必将起到伟大的历史作用。

二、改革是为了建立充满生机的社会主义经济体制

中华人民共和国的诞生，社会主义制度的建立，结束了半封建半殖民地旧中国一百多年人民受难深重的历史，消灭了剥削制度，我国各族人民真正成了国家的主人。在中国共产党领导下，全国人民艰苦奋斗，建立了独立的比较完整的工业体系和国民经济体系，取得了旧中国根本不可能取得的巨大成就，为我们建设富强、民主、文明的现代化的社会主义国家奠定了必不可少的物质基础。我国各族人民从长期的历史经验中深切体会到，只有社会主义才能救中国。

马克思主义的创始人曾经预言，社会主义在消灭剥削制度的基础上，必然能够创造出更高的劳动生产率，使生产力以更高的速度向前发展。我国建国三十五年来所发生的深刻变化，已经初步显示出社会主义制度的优越性。但是必须指出，这种优越性还没有得到应有的发挥。其所以如此，除了历史的、政治的、思想的原因之外，就经济方面来说，一个重要的原因，就是在经济体制上形成了一种同社会生产力发展要求不相适应的僵化的模式。这种模式的主要弊端是：政企职责不分，条块分割，国家对企业统得过多过死，忽视商品生产、价值规律和市场的作用，分配中平均主义严重。这就造成了企业缺乏应有的自主权，企业吃国家"大锅饭"、职工吃企业"大锅饭"的局面，严重压抑了企业和广大职工群众的积极性、主动性、创造性，使本来应该生机盎然的社会主义经济在很大程度上失去了活力。

建国初期和第一个五年计划期间，我国面临着实现全国财政经济统一、对资本主义工商业进行社会主义改造和开展有计划的大规模经济建设的繁重任务，逐步建立起全国集中统一的经济体制。那个时候，在许多方面还没有统得很死，而且在社会主义改造的方法和步骤上坚持了从中国实际出发，有很大的创造。但是，随着社会主义改造的基本完成和我国经济发展的规模越来越大，原来为限制和改造资本主义工商业所采取的一些措施已不再适应新的形势，经济体制方面某些统得过多过死的弊端逐渐显露出来。一九五六年，在党的第八次全国代表大会上和大会前后，党中央特别是中央主持经济工作的同志已经觉察到这个问题，并提出了某些改进措施。但是，由于我们党对于如何进行社会主义建设毕竟经验不足，由于长期以来在对社会主义的理解上形成了若干不适合实际情况的固定观念，特别是由于一九五七年以后党在指导思想上的"左"倾错误的影响，把搞活企业和发展社会主义商品经济的种种正确措施当成"资本主义"，结果就使经济体制上过度集中统一的问题不仅长期得不到解决，而且发展得越来越突出。

（下转第二版）

党的十二届三中全会通过的《中共中央关于经济体制改革的决定》。

三、一切从社会主义初级阶段的实际出发

（一）社会主义初级阶段理论的提出

革命也好，建设也好，都要从实际出发，而我们最大的实际是什么？就是我国的基本国情。

民主革命时期，我们党全面深刻地把握和认识我国处于半殖民地半封建的社会这一基本国情，正确解决了新民主主义革命的对象、任务、性质、动力和前途等一系列基本问题，引导中国革命取得了胜利。社会主义改造完成，我们建立了社会主义社会以后，如何认识我们的国情？党的十一届三中全会之前，我们对此作过一些有益的探索，但从1957年下半年开始，犯了"左"的错误，对国情作出了不正确的判断，制定的一些路线、方针、政策都超越了所处的历史阶段。

那么，怎样建设社会主义？首先必须吃透国情，对我们所处的历史阶段作出科学的判断。邓小平同志认为，目前我国国情的基本特点，概括地说就是"国家大、人口多、底子薄"。这样的国情特点，说明我国的生产力还很不发达，因此，它不能算是发达的、成熟的社会主义，而只是社会主义初级阶段。最早作出我国处于社会主义初级阶段论断的，是1981年6月，党在十一届六中全会通过的，由邓小平同志

主持制定的《关于建国以来党的若干历史问题的决议》。这个决议明确指出："我们的社会主义制度还是处于初级的阶段。"党的十二大报告和十二届六中全会的决议再次肯定了这一论断，并对社会主义初级阶段的基本特征作出了初步的概括。党的十三大系统地论述了社会主义初级阶段的理论，并以此为根据明确概括和全面阐发了党的基本路线，提出了经济建设发展的战略，经济和政治体制改革的原则，加强和改善党的领导任务。

（二）社会主义初级阶段理论的科学内涵

社会主义初级阶段，就是指我国在生产力落后、商品经济不发达条件下建设社会主义必然要经历的特定阶段，即从我国进入社会主义到实现社会主义现代化的整个历史阶段。在时间跨度上，从 1956 年到 21 世纪的中叶，至少需要上百年。

社会主义初级阶段的论断包括两层含义：第一，我国已进入社会主义社会；第二，我国社会主义还处在不发达阶段。我们必须坚持而不能离开社会主义，必须正视而不能超越初级阶段，只有全面把握这两层含义，才能同右的和"左"的两种错误倾向划清界限。

（三）社会主义初级阶段理论的现实理论意义和实践意义

初级阶段理论是我们制定路线、方针、政策的依据，是

1987 年 10 月 25 日至 11 月 1 日，中国共产党第十三次全国代表大会召开。

我们考虑一切问题的出发点。党的十一届三中全会以来，我们之所以取得了改革开放和现代化建设的巨大成就，主要的一条原因就是我们党依据了初级阶段的实际，制定了正确的大政方针。

首先，我们以初级阶段理论为指导，制定了“一个中心，两个基本点”的党在社会主义初级阶段的基本路线，这个路线体现了邓小平理论最核心的内容。一个中心，即以经济建设为中心，这是处在初级阶段的现代中国最大的现实和最主要的课题。两个基本点，即坚持四项基本原则，坚持改革开放。四项基本原则是我们的立国之本，改革开放是我们的强国之路。

其次，依据初级阶段实际，我们确立了我国以公有制为主体的多种经济共同发展的所有制结构形式，并确定了以按劳分配为主体的多种分配形式并存的分配机制。

第三，依据初级阶段实际，我们制定了允许一部分人、一部分地区通过诚实劳动、合法经营先富起来，然后带动其他人、其他地区后富，最后使全体人民实现共同富裕的大政策。

第四，依据初级阶段实际，我们制定了经济发展“三步走”的战略。

第五，依据初级阶段实际，我们制定了“一国两制”方针。对港澳台的历史遗留问题，用“一国两制”的科学构想去解决。

社会主义初级阶段理论的提出，澄清了人们思想中对中国社会性质所产生的模糊认识。20 世纪 70 年代末 80 年代初，一些人对中国的社会性质产生了疑虑和困惑。在理论界有人就认为，中国不具备搞社会主义的前提，中国目前还处在过渡时期；有的人则认为，中国搞的是农业社会主义；随着改革的深入与发展，有的人则认为中国正朝着资本主义的方向发展。初级阶段理论的提出，向世界宣告了中国过去搞的是社会主义，现在搞的也是社会主义，以后仍然要搞社会主义。目前中国正处在社会主义初级阶段，存在一些缺陷、矛盾和问题既是初级阶段的必然现象又是初级阶段所要解决的问题。

（四）把握社会主义初级阶段论所要注意的几个问题

第一，正确理解社会主义初级阶段理论的科学含义。初级阶段不是一个筐，不能什么东西都往里面装。不能将初级阶段作为消极腐败现象的挡箭牌。我们虽然处在初级阶段，但毕竟属于社会主义社会，在这个历史阶段，其社会的基本特征仍然是社会主义，所以，我们不能听任消极腐败现象滋生蔓延。要加强全社会的爱国主义、集体主义、社会主义教育，加强思想政治工作，加强党的建设，加强精神文明建设，做到“两手抓”，“两手都要硬”。同时，我们也不能超越这个历史阶段。在这个阶段，我们之所以鼓励外商的投资，鼓励私营经济和个体经济的发展，允许非劳动性的资本经营和风险收入，是与初级阶段发展生产力的需要分不开的。在这个阶段，我们的社会主义经济制度还不成熟不完善，建设高度的社会主义民主政治所必需的一系列经济文化条件还不充分，封建主义残余、资本主义腐朽思想和小生产习惯势力在社会上还有广泛影响，并且经常侵袭党的干部和国家公务员队伍。这些问题在初级阶段又是难以完全避免的，我们的任务是要把好的因素发挥到最大的限度，把坏的因素限制在最小的范围。

第二，社会主义初级阶段是一个长期而艰巨的发展过程，我们要做好长期作战的思想准备。任何时候我们都要保持清醒的理智，不能让一个时期所取得的成绩冲昏头脑。社会主义是前无古人的全新事业，它由无数个历史发展阶段所组成，既然有初级阶段，就必然有更高级的阶段。每一个阶段中都会有许多相同或不同的困难与问题，这就要求我们这一代人乃至我们以后的下几代人必须有充分的思想准备。正如邓小平同志所说的："我们搞社会主义才几十年，还处在初级阶段。巩固和发展社会主义制度，还需要一个很长的历史阶段，需要我们几代人、十几代人，甚至几十代人坚持不懈地努力奋斗，决不能掉以轻心。"邓小平同志的谆谆教诲，我们要牢牢铭记在心。

邓小平哲学思想的核心及其内在联系*

通观邓小平哲学思想的基本内容，无论是辩证唯物主义的认识论、辩证法思想，还是其历史唯物主义的基本观点，都始终围绕着一个核心问题，沿着一条主线展开，这个核心和主线就是实事求是和生产力标准。它们的有机统一，构成了邓小平哲学思想的核心内容，而它们与邓小平哲学思想其他观点的辩证关系，建构起了邓小平哲学思想的整体框架。

一、邓小平哲学思想的出发点、根本点

邓小平同志在表述毛泽东哲学思想的核心内容时曾经论述：实事求是是“毛泽东哲学思想的精髓”，是“毛泽东思想的出发点、根本点”。通过我们对邓小平哲学思想基本内容的阐述和分析，可以看到，实事求是及其在此基础上产生

* 原载《邓小平哲学思想概论》，青海人民出版社 1993 年版，这一章是曲青山与田源合作。

的具有时代特色的生产力标准体系，则成为邓小平哲学思想的出发点、根本点。

（一）实事求是、生产力标准是建设中国特色社会主义的历史起点和落脚点

邓小平哲学思想是在建构和阐述邓小平理论的过程中形成、发展和完善的。因此，论述其哲学思想的核心内容，必须放到建设中国特色社会主义理论和实践的大坐标系中，去追寻其形成发展的历史轨迹，全面了解它的核心地位和作用，正确把握各个原理、观点之间的相互内在逻辑关系。

1. 实事求是是邓小平哲学思想的精髓

邓小平同志一贯重视并且始终坚持了实事求是的原则。在我国进入改革开放和社会主义现代化建设新时期后，邓小平同志带头倡导和恢复了党的实事求是的思想路线。在其哲学思想的基本内容中，实事求是则又成为其精髓。1977 年 9 月 19 日，邓小平同志在《教育战线的拨乱反正问题》的讲话中就指出："我们要准确地完整地理解毛泽东思想的体系。……毛泽东同志在延安为中央党校题词，就是'实事求是'四个大字，这是毛泽东哲学思想的精髓。"1978 年 6 月 2 日，他《在全军政治工作会议上的讲话》中又说："我们开会，作报告，作决议，以及做任何工作，都为的是解决问题。我们说的做的究竟能不能解决问题，问题解决得是不是正确，关键在于我们是否能够理论联系实际，是否善于总结

经验，针对客观现实，采取实事求是的态度，一切从实际出发。我们只有这样做了，才有可能正确地或者比较正确地解决问题，而这样解决问题，究竟是否正确或者完全正确，还需要今后的实践来检验”。“我们也有一些同志天天讲毛泽东思想，却往往忘记、抛弃甚至反对毛泽东同志的实事求是、一切从实际出发、理论与实践相结合的这样一个马克思主义的根本观点，根本方法。”“马列主义、毛泽东思想的基本原则，我们任何时候都不能违背”，“但是，一定要和实际相结合，要分析研究实际情况，解决实际问题。按照实际情况决定工作方针，这是一切共产党员所必须牢牢记住的最基本的思想方法、工作方法。实事求是，是毛泽东思想的出发点、根本点。这是唯物主义”。1978 年 9 月 16 日，邓小平同志在《高举毛泽东思想旗帜，坚持实事求是的原则》的讲话中进一步指出:“毛泽东思想的基本点就是实事求是，就是把马列主义的普遍原理同中国革命的具体实践相结合”。并且再一次提到“毛泽东同志在延安为中央党校题了‘实事求是’四个大字，毛泽东思想的精髓就是这四个字”。1980 年至 1985 年，他在《坚持党的路线，改进工作方法》《建设有中国特色社会主义》和《政治上发展民主，经济上实行改革》等一系列讲话中，又多次讲到了实事求是与马克思主义哲学的关系，实事求是在党的思想路线中的地位和作用。他说:“三中全会确立了，准确地说是重申了党的马克思主义的思想路线。马克思、恩格斯创立了辩证唯物主义和历史唯

毛泽东同志“实事求是”手书。

邓小平同志“实事求是”手书。

物主义的思想路线，毛泽东同志用中国语言概括为‘实事求是’四个大字。实事求是，一切从实际出发，理论联系实际，坚持实践是检验真理的标准，这就是我们党的思想路线。”我们说“重申”，就是说把这条马克思主义的思想路线恢复起来。这条思想路线，有一段时间被抛开了，给党的事业带来很大的危害。我们恢复和贯彻这条思想路线，就是要反对教条主义，坚持四项基本原则。我们提倡实事求是，它“是马列主义、毛泽东思想的一个基本组成部分”。我们“从党的十一届三中全会开始，制定了正确的思想路线、政治路线、组织路线和一系列的方针、政策。思想路线是什么？就是坚持马克思主义，坚持把马克思主义同中国实际相结合，也就是坚持毛泽东同志说的实事求是”。在邓小平同志谈到中国搞社会主义走了相当曲折的道路，需要总结经验与教训时，他还是坚持以实事求是的原则来进行的。他说：“二十年的历史教训告诉了我们一条最重要的原则：搞社会主义一定要遵循马克思主义的辩证唯物主义和历史唯物主义，也就是毛泽东同志概括的实事求是，或者说一切从实际出发。”从中我们可以看到，实事求是在邓小平哲学思想中居于多么重要的地位。

2. 实事求是是党的理论创新的历史起点

邓小平同志领导全党全国人民实现伟大的历史转折，首先是从思想上的拨乱反正开始的。真理标准的大讨论，冲破了“两个凡是”的束缚，促成了全党思想的大解放，使解放思想、实事求是的思想路线在全党重新确立起来。思想上的拨乱反正又为政治上的拨乱反正创造了前提条件，促使全党实现了工作着重点的转移。我们党在十一届三中全会上毅然抛弃“以阶级斗争为纲”这个不适用于社会主义社会的“左”的错误方针，把党和国家的工作中心转移到经济建设上来。

在确定工作中心转移的同时，我们党作出了实行改革开放的伟大决策，并针对拨乱反正过程中出现的错误思潮，旗帜鲜明地强调必须坚持党的四项基本原则；根据历史转折的要求，我们加强党的组织建设，逐步调整和充实各级领导班子，提出了干部“四化”方针，废除了实际存在的干部领导职务终身制，实行新老干部的合作与交替；我们党对重大历史是非作了认真的清理，采取了一系列措施，平反冤假错案，落实了有利于增强党的团结和调动一切积极因素的各项政策；党的十一届六中全会就新中国成立以来党的若干重大历史问题作出决议，统一了全党的思想认识；1982 年党的十二大，我们党确定了经济发展“两步走”的战略，随后又提出了“三步走”的战略。

新时期最鲜明的特点是改革开放。改革开放从党的十一届三中全会起步，党的十二大以后全面展开。它经历了从农村改革到城市改革，从经济体制改革到各方面体制的改革，从对内搞活到对外开放的波澜壮阔的历史进程。在农村，我们首先支持广大农民实行了家庭联产承包责任制，废除人民公社，又不走土地私有化道路，以家庭联产承包为主，统分结合，双层经营，亿万农民生产劳动的积极性得到充分发挥。实行家庭联产承包，这是中国农民的伟大创造。乡镇企业异军突起，这是中国农民的又一伟大创造。它为农村剩余劳动力从土地上转移出来，为农村致富和逐步实现现代化，为促进工业和整个经济的改革与发展，开辟了一条新路。1984 年，党的十二届三中全会通过了关于经济体制改革的决定，改革的重点从农村转向城市。尔后，我们党又相继决定对科技体制和教育体制进行改革，并进一步提出了政治体制改革的目标和任务，兴办深圳、珠海、汕头、厦门 4 个经济特区是对外开放的重大步骤，是利用国外资金、技术、管理经验来发展社会主义经济的崭新试验，取得了很大成就。在兴办特区之后，我们又相继开放沿海十几个城市，在长江三角洲、珠江三角洲、闽东南地区、环渤海地区开辟经济开放区，批准海南建省并成为经济特区。对外开放不断扩大，2 亿人口的沿海地带迅速发展，有力地推动了全国的改革开放和经济建设。

为了保证改革和建设的顺利进行，我们党提出了一系列“两手抓”的战略方针，大力加强社会主义精神文明建设和社会主义民主法制建设。党的十二届六中全会就加强精神文明建设问题作出决议。1987 年党的十三大，提出了社会主义初级阶段的理论和党在社会主义初级阶段的基本路线。1989 年 6 月党的十三届四中全会，选出了以江泽民同志为

1984 年 10 月 1 日，庆祝中华人民共和国成立 35 周年大会的群众游行方阵，拖拉机载着“联产承包好”的牌子通过天安门广场。

20世纪80年代初期，江苏省无锡县前洲乡西塘村无线电厂的电视机装配车间。

20 世纪 80 年代，中国第一个经济特区——深圳正在建设中。

核心的新的党中央。新的党中央全面坚持党的基本路线，以经济建设为中心，努力纠正“一手比较硬，一手比较软”的现象。

在国际风云变幻，国内经济生活中出现一些暂时困难的情况下，我们党沉着应付，奋勇开拓，相继作出了上海浦东开发开放、搞好国有大中型企业、加强农业和农村工作等一系列重大决策。1992 年初，邓小平同志视察南方就社会主义现代化建设和改革开放等一系列重大问题发表了重要谈话，紧接着党中央、国务院迅速作出了关于加强改革开放和经济发展的一系列决定。党的十四大确定了邓小平同志建设有中国特色社会主义理论在全党的指导地位，并对这一理论进行了新的概括。确定了建立社会主义市场经济体制的目标。党的十四大规划了我们前进的道路和方向，是我们胜利地迈向 21 世纪的宏伟纲领。

纵观改革开放的伟大进程，可以看到，我们以解放思想、实事求是为起点，我们前进的每一步，又总是随着解放思想、实事求是进行的。

3. 生产力标准是党的理论创新的历史落脚点

邓小平同志指出，解放思想就是在马克思主义的指导下研究新情况，解决新问题。现阶段中国的基本国情怎么样？主要矛盾是什么？根本任务是什么？解决矛盾的主要方法和途径是什么？这些问题的正确解决直接同发展生产力相联系。党的十三大报告指出，生产力标准就是将是否有利于发展生产力，作为我们考虑一切问题的出发点和检验一切工作的根本标准。1992 年邓小平同志南方谈话，对生产力标准作了进一步的阐发，将是否有利于发展社会主义社会的生产力，是否有利于增强社会主义国家的综合国力，是否有利于提高人民生活水平作为判断一切工作的根本标准。生产力标准是历史唯物主义的根本观点，它是中国共产党人创造性地对历史唯物主义基本观点最生动、最简明、最具体、最形象的中国式概括，也可以说它是历史唯物主义中国化解释的精髓。从广义上讲，生产力标准以其理论渊源上看，是多层次的，起码应包括历史唯物主义这样一些基本原理：生产活动是人类社会存在和发展的根本前提的原理，生产力是一切社会发展的最终决定力量的原理，生产力决定生产关系、生产关系反作用于生产力的原理，一定的生产力和生产关系构成一定的生产方式，一定的生产方式构成一定的社会形态的原理，等等。这些原理是在历史观、动力观、发展观、国家观、群众观等不同的方面发挥各自作用的。

以生产力标准作为衡量我们一切工作是非得失的根本标准，以发展社会生产力作为我们全部工作的根本落脚点，也是首先从党的十一届三中全会全党工作着重点的转移开始的。这个落脚点就是集中力量、一心一意进行社会主义现代化建设，就是“坚持发展生产力，始终扭住这个根本环节不放松，除非打起世界战争。即使打世界战争，打完了还搞建设”。从我们所走过的改革开放的历程来看，对家庭联产承

20世纪60年代，邓小平同志引用民间谚语“黄猫、黑猫，只要捉住老鼠就是好猫”，用来说明生产关系形式的采用应看群众的积极性。图为邓小平同志收藏的《双猫图》。

包责任制的肯定与推广，对兴办经济特区的支持，“三资”企业的引进，对外开放的扩大，工业企业的改革，股份制的试行，沿海、沿江、沿边以及内陆省会城市多层次、全方位开放格局的形成，等等，我们都是着眼于解放和发展生产力这个目标的，都是经过了“三个有利于”生产力标准的具体检验。

（二）实事求是、生产力标准是党的理论创新的逻辑起点和落脚点

实事求是、生产力标准既是党的理论创新的历史起点和落脚点，也是党的理论创新的逻辑起点和落脚点。前者是说这一哲学原理与中国特色社会主义伟大实践的关系，后者是说哲学原理自身与实践所对应的极强的逻辑演进关系。

1. 实事求是是党的理论创新的逻辑起点

理论演进的助推力来自实践的发展。随着实践的发展，理论会不断呈现出自低向高，从不成熟、不完善到比较成熟、比较完善的前进状态。在改革开放的伟大进程中，伴随着实践的发展，我们对事物的认识不断深化，在一次次思想解放浪潮的推动下，我们对实践经验进行了科学的总结，随之而来的是带来传统理论的一次次突破。党的十一届三中全会以后，我们党基于对国情的正确认识，在党的十三大上正式提出了我国正处在社会主义初级阶段的论断。这一论断认为，我国已进入社会主义社会，但由于生产力不发达，经

济、文化还比较落后，我们还处于社会主义初级阶段。初级阶段从社会主义改造基本完成开始至少需要上百年的时间。社会主义初级阶段是指我国社会主义必须经历的特定阶段，而不是泛指任何社会主义国家必须要经历的一般阶段。社会主义初级阶段理论的提出，是我国改革开放以来，对传统理论的首次突破，这一理论的提出，为我们党制定适合这一特定历史阶段的路线、方针、政策，提供了强有力的理论基础。

我们党在提出社会主义初级阶段理论之后，又相继提出了社会主义公有制基础上有计划的商品经济和社会主义市场经济的理论，实现了传统理论的又一次突破。我们知道，马克思主义的传统理论认为，社会主义实行的是计划经济，并且将这一体制作为社会主义的本质特征来看待。但是，自20世纪30年代以来，世界形势发生了极大的变化，“资本主义也有计划”，“社会主义也有市场”，计划和市场都是发展经济的手段，它并不是社会主义与资本主义的本质区别。如何对待世界形势出现的这种变化？我们的思想认识经历了一个逐渐深化的发展过程。1982年党的十二大，提出以计划经济为主，市场调节为辅；1984年党的十二届三中全会，提出了公有制基础上的有计划的商品经济；1987年党的十三大，提出计划和市场本质上是内在统一的；1989年党的十三届四中全会，提出了计划经济与市场调节相结合的运行机制；1992年党的十四大，提出经济体制改革的目标模式是建立社会主义市场经济新体制。社会主义市场经济理论的提出，使我们经济体制改革的目标模式和价值取向彻底到位。

与此同时，在改革开放的历程中，我们还提出了和平与发展是当代世界的两大主题，用“一国两制”的科学构想和平统一祖国，加强社会主义精神文明建设等一系列问题，都使原有的理论得以升华，使旧的认识实现了历史性的跨越。和平与发展是当代世界的两大主题，是中国共产党人对 20 世纪 80 年代以来国际形势的准确判断而得出的科学结论。1984 年 5 月 29 日，邓小平同志在此基础上首先提出“现在世界上问题很多，有两个比较突出”。“一是和平问题”；“二是南北问题”。1985 年 3 月 4 日在谈话中又使用了“一个是和平问题，一个是经济问题或者说发展问题”。并对和平问题和经济问题进行了解释，“和平问题是东西问题，发展问题是南北问题”。1988 年 12 月 21 日，邓小平同志在会见印度前总理拉吉夫 · 甘地的谈话中，又使用了“一个是和平问题，一个是发展问题”的提法。此后，我们党在表述我国社会主义建设的外部条件时，一直将“和平和发展是当代世界的两大问题”或主题，作为我们对国际形势判断的基本结论。“一国两制”是中国共产党人创造性解决我国历史遗留问题的战略构想。1984 年 2 月 22 日，邓小平同志在一次讲话中首先使用了“一个中国，两种制度”的提法。1984 年 6 月 22 日，邓小平同志在会见来宾的谈话中又正式使用了“一个国家，两种制度”的提法，并从历史背景、政治经济特点、现实意义等多方面详细阐述了它的基本内容。

建设社会主义精神文明，是建设中国特色社会主义的重要内容，但是，我们党对加强社会主义精神文明建设的认识也是一步步深化的，首先在党的十一届五中全会上提出了这一命题，以后对其内涵不断地丰富。党的十二届六中全会，我们党专门作出了加强精神文明建设的决定，并且提出了精神文明建设在社会主义现代化建设总体布局当中的地位问题，精神文明建设与物质文明建设的关系问题，精神文明建设中思想道德建设与科学文化建设的关系，社会主义精神文明建设的目标、根本任务等问题，使之系统化、理论化。从党的理论创新的发展过程来看，实事求是是这一理论的逻辑起点，从这一理论目前概括的最高形式来说，它是在实事求是思想和原则的指导下，对以往理论观点继承和扬弃的前提下顺理成章的逻辑发展。

2. 生产力标准是党的理论创新的落脚点

从党的理论创新发展的顺序及其逻辑关系来看，这一理论处处贯穿着生产力标准的思想。从建设中国特色社会主义道路问题的提出，到初级阶段理论的形成；从根本任务和发展动力问题的提出，到领导力量、依靠力量、政治保证问题的强调；从对国际形势的正确观察到战略步骤问题的制定；从实行以计划经济为主、市场调节为辅，到实行公有制基础上的有计划的商品经济，再到实行社会主义市场经济体制的嬗变，都是围绕一个目标、一个目的，这就是大力发展社会主义社会的生产力。发展道路问题是从我国生产力发展水平的实际状况出发，提出不能照搬别人现成的模式；发展阶段问题是从我国生产力还比较落后这个最大国情出发确定的；根本任务问题是从我国的基本国情和社会主义的本质出发提出来的；发展动力问题是从如何解放和发展生产力的角度提出来的；政治保证问题是从如何保证改革和经济建设的顺利进行，如何保证生产力的解放和发展的角度提出来的；领导力量和依靠力量的问题是从解放和发展生产力要以什么人来领导，依靠什么人来实现的角度提出来的；外部环境问题是从如何争取和平的外部环境，加快我国生产力发展的角度提出来的；祖国统一问题是从解决好我国历史遗留问题，实现团结和统一，更有利于我国生产力的发展和中华民族伟大复兴的角度提出来的。更具体一点说，在发展动力问题上，我们提出改革，目的是解放生产力、发展生产力。我们进行经济体制改革，是直接为这一目标服务的。我们建设社会主义精神文明，强调培养“四有”新人，还是为这一目标服务的。邓小平同志早就说过：不改革我们就没有出路。不改革政治体制，“就会阻碍生产力的发展，阻碍四个现代化的实现”。政治体制改革中的一项重要内容是精简机构，提高效率，其着眼点是调动广大人民的积极性，而“调动人民积极性的最中心的环节，还是发展生产力”。我们提出以培养

1981 年，南京市的中小学生在街头进行“五讲”“四美”宣传活动。

“四有”新人为目标的社会主义精神文明建设，其目的是为社会主义物质文明建设提供精神动力和智力支持。

在根本任务问题上，我们提出社会主义的本质，指出现阶段我国社会的主要矛盾，指明判断各方面工作是非得失的“三个有利于”标准，都在于明确我们的根本任务是解放生产力、发展生产力。而科学技术是第一生产力这一科学命题的提出，则直接丰富了马克思主义关于生产力问题的理论内涵，给马克思主义的历史唯物主义宝库增添了崭新的内容。

在外部条件问题上，我们指出“和平与发展是当代世界两大主题”，我们要坚持独立自主的和平外交政策，要吸收和利用世界各国包括资本主义发达国家所创造的一切先进成果，也是以发展我国的生产力问题为落脚点的。邓小平同志在谈到国际形势的时候曾说过：“过去我们过多地认为世界大战很快就要打起来，忽视发展生产力，忽视经济建设。”现在我们认为，世界在较长时间内不发生大规模世界战争是有可能的，因此，我们要一心一意地致力于经济建设，大力发展生产力。“我们的对外政策，就本国来说，是要寻求一个和平的环境来实现四个现代化。”

在社会主义市场经济问题上，我们提出以市场经济作为经济体制改革的目标模式，也是着眼于更快更好地发展社会生产力这个目标的。1985 年邓小平同志在回答美国高级企业家代表团团长格隆瓦尔德关于社会主义和市场经济的关系的提问时就说：“问题是用什么方法才能更有力地发展社会生产力。”“我们过去一直搞计划经济，但多年的实践证明，在某种意义上说，只搞计划经济会束缚生产力的发展。把计划经济和市场经济结合起来，就更能解放生产力，加速经济发展。”1992年邓小平同志在南方谈话中，又进一步指出，计划和市场都是经济手段。这里，邓小平同志明确运用了生产力标准来观察和评价计划和市场的问题，这就为我们后来在经济理论中提出社会主义市场经济，实现理论上的重大突破，创造了前提。

在领导力量和依靠力量问题上，我们提出必须坚持和改善党的领导，必须依靠广大工人、农民、知识分子，依靠各民族人民的团结，依靠新时期广大的爱国统一战线。问题的提出也是落脚于发展社会生产力的。一切政党作用的大小、好坏，取决于对生产力发展是否有帮助及帮助之大小，看它是束缚生产力，还是解放生产力。所以对其检验的尺度有个生产力标准问题。这就要求我们必须加强党的建设，把党建设成为带领人民群众进行社会主义现代化建设的坚强领导核心。至于依靠力量必须是最广大的人民群众，因为人民群众是历史的创造者，是推动社会前进的决定力量。可以说，生产力标准渗透于党的理论创新的各个部分，其思想贯穿于这一理论形成的全过程。

（三）实事求是、生产力标准是邓小平同志研究问题的方法起点和落脚点

邓小平同志研究、思考问题的方法，始终遵循实事求是的原则，坚持生产力标准。其出发点是了解和认识事物的本质，把握其规律；其落脚点是为了在实践中不断检验我们的思想、理论、观点及其政策，实现主客观历史地、具体地统一，促进社会生产力的发展，促进社会的全面进步。

1. 实事求是是邓小平同志研究问题的方法起点

实事求是是邓小平同志思想方法的突出特点。早在1978年邓小平同志就指出：“一个党，一个国家，一个民族，如果一切从本本出发，思想僵化，迷信盛行，那它就不能前进，它的生机就停止了，就要亡党亡国。”“实事求是，是无产阶级世界观的基础，是马克思主义的思想基础。过去我们搞革命所取得的一切胜利，是靠实事求是；现在我们要实现四个现代化，同样要靠实事求是。”1992年他在南方谈话中，更精辟地谈到了这一问题。他说：“学马列要精，要管用的”。“实事求是是马克思主义的精髓。要提倡这个，不要提倡本本。我们改革开放的成功，不是靠本本，而是靠实践，靠实事求是。”“我读的书并不多，就是一条，相信毛主席讲的实事求是。过去我们打仗靠这个，现在搞建设、搞改革也靠这个。”并且，在许多场合他多次说过：“我是实事求是派。”这就再清楚不过地说明了邓小平同志研究和思考问

题的根本思想方法。反过来，我们再从党的理论创新的主要内容来看，每项内容都贯穿了实事求是的思想，其本身就是实事求是的产物。如果没有实事求是的精神，就不可能提出中国特色的社会主义道路问题，也不可能正确认识国情，提出党在社会主义初级阶段的基本理论和基本路线，也不可能提出改革开放，不可能科学制定“三步走”的发展战略，不可能正确判断国际形势，进行外交政策的调整，也不可能提出解决台湾、香港、澳门问题的“一国两制”构想。

党的理论创新中概括的所有问题，都是从客观“实事”出发的，依据“求是”的方法来把握的，也是依据变化了的“实事”而逐步向前推进的。比如，“一国两制”问题的提出，用邓小平同志的话说，这“要归功于马克思主义的辩证唯物主义和历史唯物主义，用毛泽东主席的话来讲就是实事求是”。如果没有思想的解放，不敢面对现实，没有无产阶级思想家的胆略和勇气，不敢大胆探索、大胆实践，是不可能提出这样的构想的。

2. 生产力标准是邓小平同志研究问题的方法落脚点

在推进党的理论创新中，邓小平同志思考问题的落脚点，始终紧扣发展社会生产力这个焦点。比如，在社会主义的本质问题上，邓小平同志首先是从解放和发展生产力来揭示这个问题的。早在 1979 年 7 月 29 日，邓小平同志在《思想路线政治路线的实现要靠组织路线来保证》的讲话中就指出:“我们的政治路线就是搞社会主义现代化建设。……

社会主义如果老是穷的，它就站不住。”1980 年 1 月 16 日，他在《目前的形势和任务》的讲话中进一步指出：社会主义制度优越于资本主义制度，“这要表现在许多方面，但首先要表现在经济发展的速度和效果方面。没有这一条，再吹牛没有用”。1984 年 6 月 30 日，邓小平同志在《建设有中国特色的社会主义》的讲话中，就社会主义、马克思主义与发展生产力的关系作了深刻的阐述。他说：“什么叫社会主义，什么叫马克思主义？我们过去对这个问题的认识不是完全清醒的。马克思主义最注重发展生产力。……社会主义阶段的最根本任务就是发展生产力，社会主义的优越性归根到底要体现在它的生产力比资本主义发展得更快一些、更高一些。”1985 年 4 月 15 日，邓小平同志在《政治上发展民主，经济上实行改革》的讲话中明确提出：“贫穷不是社会主义，社会主义要消灭贫穷。不发展生产力，不提高人民的生活水平，不能说是符合社会主义要求的。”那么，邓小平同志是如何从解放和发展生产力来思考社会主义本质的呢？他在 1987 年 4 月 26 日的一次重要谈话中作了详细说明。他说：“在‘文化大革命’当中，‘四人帮’更荒谬地提出，宁要贫穷的社会主义和共产主义，不要富裕的资本主义。不要富裕的资本主义还有道理，难道能够讲什么贫穷的社会主义和共产主义吗？结果中国停滞了。这才迫使我们重新考虑问题。考虑的第一条就是要坚持社会主义，而坚持社会主义，首先要摆脱贫穷落后状态，大大发展生产力，体现社会主义优于资本主义的特点。要做到这一点，就要把我们整个工作的重点转到建设四个现代化上来，把建设四个现代化作为几十年的奋斗目标。”后来，他又说：“社会主义就是要发展生产力，这是一个很长的历史阶段。生产力不断发展，最后才能达到共产主义。”1992年他在南方谈话中就社会主义的本质作了十分清晰、准确的表述：“社会主义的本质，是解放生产力、发展生产力，消灭剥削，消除两极分化，最终达到共同富裕。”将解放生产力、发展生产力提到社会主义本质的高度去认识，这在马克思主义发展史上还是第一次。在社会主要矛盾和中心任务问题上，邓小平同志也是这样看待问题的。他一再强调我们要集中精力进行经济建设，“现在要横下心来，除了爆发大规模战争外，就要始终如一地、贯彻始终地搞这件事，一切围绕着这件事，不受任何干扰”。“我们全党全民要把这个雄心壮志牢固地树立起来，扭着不放，‘顽固’一点，毫不动摇。”四个现代化这件事情，“任何时候都不要受干扰，必须坚定不移地、一心一意地干下去。许多问题，不搞四个现代化解决不了。国民经济的发展，国民收入的增加，人民生活的逐步提高，国防相应地得到巩固和加强，都要靠搞四个现代化”。“我们的政治路线，是把四个现代化建设作为重点，坚持发展生产力，始终扭住这个根本环节不放松。”“经济建设是我们的大局，一切都要服从这个大局。”经济建设是我们的中心，一切工作都要服从和服务于这个中心。“离开了经济建设这个中心，就有丧失物质基础的危险。”我们要始终“围绕这个中心，决不能干扰它，冲击它”。因此，在社会主义初级阶段，我们要集中精力不断解决生产发展“不能满足人民和国家需要”这个主要矛盾。对改革问题，邓小平同志将其放到了解放生产力、发展生产力的高度来认识和看待。他在1992年南方谈话中关于“革命是解放生产力”“改革也是解放生产力”的著名论断最具代表性。从以上论述中，我们可以清楚地看到，解放和发展生产力问题始终是邓小平同志理论思维的落脚点。

二、邓小平哲学思想的内在联系

邓小平哲学思想作为马克思主义科学世界观在中国特色社会主义建设中的创造性应用，它是邓小平理论的哲学基础，具有一定的相对独立意义，有它自身的内在联系和框架结构。邓小平哲学思想与邓小平理论的关系是基石和大厦的关系，其基本内容及其原理，相互之间既是重叠的，又是渗透的。因此，在一定的意义上可以说，邓小平哲学思想既是邓小平理论的一部分，又是这一理论体系中具有相对独立性的特殊内容。所以说，邓小平哲学思想以及在此基础上建构的邓小平理论，是一个完整的有机统一体。

（一）实事求是与生产力标准的内在联系

我们说实事求是、生产力标准是邓小平哲学思想的核心、灵魂、精髓，是建构其思想理论的两大基石，是邓小平理论的历史出发点和落脚点、逻辑出发点和落脚点、思维出发点和落脚点，是特指实事求是与生产力标准之间内在的辩证统一关系。改革开放以来，伴随着每一次思想解放，每一次生产力标准的检验，都直接或间接对社会生产力的发展和社会的全面进步产生积极的结果。两大基石，从其渊源和派生从属关系来看，实事求是是基础之基础，邓小平哲学思想的全部基础、重点核心就是四个字：实事求是。

作为邓小平哲学思想的核心内容和邓小平理论的两大基石，实事求是和生产力标准，富有时代特征的烙印和标记，贯穿于整个改革开放的伟大历史进程之中。真理标准的讨论，思想的解放，冲破了“两个凡是”的束缚，党的正确思想路线得以重新确立。思想路线的确立又为新时期正确的政治路线的确立创造了理论前提，进而使生产力标准在各项实际工作中得以贯彻。生产力标准对改革和建设的具体检验，又呼唤着再一次的思想解放，促使我们去探索新的“实事”。如此相互感应，相互作用，相互影响，相互促进，不断推动着改革开放和现代化建设大业胜利向前发展，形成了一个不断上升的运动发展曲线。

（二）实事求是、生产力标准与邓小平其他哲学思想、观点和原理的内在联系

实事求是、生产力标准渗透和贯穿于邓小平哲学思想的

全部内容之中，它们与其他哲学思想、观点和原理存在着密不可分的必然联系。

1. 实事求是、生产力标准与邓小平理论哲学基础的整体框架结构

我们认为，马克思主义基本原理与中国具体实际相结合是总的指导原则，实事求是和生产力标准是两大基础，形成对应的两大交叉立体面。实事求是是理论的精髓、灵魂、核心；生产力标准为理论的建构提供了衡量和最终检验的根本标准。两大基石统御整个哲学基础的各个部分。在两大交叉立体面的横断部分又均衡分布排列有无数拓展单元。两大基石展示了哲学的深邃思想内涵和核心的原理，无数个拓展单元纵横交错，反映和体现出一个个众多的具体哲学观点或原理。两大基石的交叉立体面是各个拓展单元的生长点，以此构成了宏大的理论体系。从邓小平理论的主要内容来看，这一理论概括以两大哲学基石为基准，又分别依据了唯物论、认识论、辩证法、唯物史观中的众多的哲学观点和原理。在社会主义的发展道路、发展阶段、根本任务、发展动力、外部条件、政治保证、战略步骤、领导力量和依靠力量、祖国和平统一等问题上，还蕴含和依据了共性和个性、一般性和特殊性的原理，外因和内因关系的原理，对立统一的原理，质量互变的原理，社会存在决定社会意识、社会意识反作用于社会存在的原理，经济基础决定上层建筑、上层建筑反作用于经济基础的原理，群众、政党、领袖相互关系的原理，人民群众是历史创造者的原理，等等。

2. 实事求是、生产力标准与认识论的关系

实事求是本身属于辩证唯物主义的范畴，具体地说它的内容就是辩证唯物主义认识论的中国式表达。而生产力标准本身属于历史唯物主义的范畴。那么，实事求是与生产力标准在认识论中是怎样贯通到一起的呢？它们的桥梁和媒介就是实践标准。在社会历史领域，坚持生产力标准就是坚持了实践标准，因为生产实践是人类最基本的实践活动，生产力标准抓住了实践标准中最根本、最具决定意义的部分。凡被实践证明为真理的东西，用于指导实践，最终都会有利于发展社会生产力。马克思主义哲学本身是人类认识世界的伟大工具，是无产阶级的世界观、方法论，是无产阶级的精神武器。但是，无产阶级掌握这个强大的精神武器，不仅仅是认识世界、说明世界，更重要的是改造世界。因此，马克思主义哲学的本质要求，必须使其理论以无产阶级为物质武器，指导无产阶级及其广大人民群众正确地认识世界、改造世界。另一方面，马克思主义是来源于实践的，并在实践中得到检验、充实、修正、补充完善和丰富。认识论的基本原理也告诉我们：实践是认识的基础，实践是认识发展的动力，实践是检验真理的标准，实践是认识的目的。认识的发展过程是个辩证过程，即从物质到精神、从精神到物质的相互转化过程。认识过程的总规律是：实践、认识、再实践、再认识，循环往复以至无穷的发展过程。实事求是就是不断实践，反复认识，使主观与客观相符合，把握事物的本质和客观规律。这个“求是”的过程不是一次就能完成的，它本身要经过从感性认识到理性认识的发展阶段，又要将理性阶段总结概括起来的理论和认识，放到实践中经过一次次的检验，循环往复，使我们对事物的认识更接近于真理。

就我们的认识范围及其性质来讲，从抽象到具体，从自然界到人类社会，认识运动的规律和形式，会呈现出不同的特点。那么，人类社会历史领域，检验其社会行为是非得失的根本标准是什么呢？这就是生产力标准。实际上可以说，生产力标准是实践标准在人类社会历史领域的具体体现和全面展开。它们不但是完全一致的，而且是相互贯通的。因此，从实事求是、生产力标准与邓小平哲学思想的认识论关系来看，实事求是就是其认识论思想中的精华要旨，要提高认识主体的能力，就是要我们从实践和认识两方面下功夫，提高实事求是中“求”的能力和水平。而生产力标准则是社会主义社会检验一切认识主体理论、路线、方针、政策、意见、主张、办法等等主观派生物的根本标尺。我们在改革开放中，工作的是非靠什么去辨别，靠什么去检验，只有一个标准，就是生产力标准。

3. 实事求是、生产力标准与唯物辩证法的关系

实事求是、生产力标准与唯物辩证法是同一的。实事求是的“是”，是指事物的本质、规律和事物内部的联系。生产力标准是个开放的体系，它深刻地反映着人类社会历史的内在必然性和本质联系。既然实事求是中的“是”是指客观事物的内在的、本质的、必然的联系，生产力标准是个开放的体系，其内容正是这个“是”在社会发展中的生动体现，那么，它们二者不但是完全一致的，而且生产力标准的提出正是坚持实事求是的结果，是实事求是的辩证唯物主义认识路线在社会历史领域的重要发展。

辩证法的核心是对立统一规律。那么，实事求是、生产力标准与对立统一的具体关系是怎样的呢？从它们之间的具体关系来考察，不但“实事”本身体现着对立统一关系，“求”和“是”本身体现着对立统一关系，生产力标准本身也体现着对立统一关系，从中国特色社会主义实践的过程来看，改革开放和现代化建设本身就渗透着辩证法。比如，中国“是个大国，又是个小国”。所谓大国就是人多，土地面积大，所谓小国就是中国还是发展中国家，还比较穷，国民生产总值人均数还比较低。“中国是名副其实的小国，但是又可以说中国是名副其实的大国。联合国安全理事会常任理事国，中国算一个。中国这一票是第三世界的，是名副其实地属于第三世界不发达国家的。我们多次讲过，中国属于第三世界，将来发展起来了，还是属于第三世界，永远不做超级大国。”这里，中国的大与小是从辩证法的角度来看的。再比如，中国是一个社会主义国家，但又处于社会主义的初级阶段。说我们是社会主义是因为我们的社会性质具有社会主义的本质特征，但是，我们的社会主义还处在初级阶段，目前，我们的生产力还不够发达，因此："现在虽说我们也在搞社会主义，但事实上不够格。只有到了下世纪中叶，达到了中等发达国家的水平，才能说真的搞了社会主义。"这里，我们说的社会主义初级阶段是相对于进一步发展了的阶段而言的，其本身也体现了辩证法。

实事求是的"求"与"是"在发展过程中，也渗透着辩证法。"求"包含了探索、研究、思考，对于不同性质的事物，其认识和探求的方式、方法会有所不同，这本身就含有辩证法。就是对同一类事物，由于认识的条件不同，认识的手段不同，认识的主体能力不同，认识的阶段不同，会呈现出一个由浅入深、由低到高的变化发展过程。而实事的"是"则会随着实践的变化而变化，随着实践的发展而发展，呈现出不同的理论内容和形式来。比如，关于计划与市场的关系问题，经过改革开放的艰苦探索，我们的认识经过了一个从计划经济为主、市场调节为辅，公有制基础上的有计划的商品经济，社会主义市场经济这样一个发展过程。每一种表述内容和表达形式，都反映了特定阶段人们的认识深度和水平，都是特定阶段理论表达的最高形式、最高成果。比如，加强社会主义精神文明建设和民主法制建设，我们就是经历了从一般概念到具有丰富内容这样一个发展过程。开始我们对这些内容知之和感受的并不多、并不深，只是从"文化大革命"的浩劫中痛定思痛，才深感民主法制建设的重要性。只是在新形势下，社会沉渣的泛起，丑恶现象的蔓延，才倍感精神文明建设的必要性、重要性。因此，从党的十一届六中全会关于社会主义的十条原则中对建设社会主义民主法制和精神文明概念的提出，到党的十三大、十三届七中全会、江泽民同志建党 70 周年讲话，我们对这些概念内涵阐述的不断丰富，并相应提出具体的措施和要求，也是一个认识不断深化的过程。我们不但阐述了社会主义物质文明和精神文明的关系，政治体制改革与经济体制改革的关系，还阐述了精神文明建设中思想建设和文化建设的关系，政治体制改革中行政管理体制和机构精简的关系，明确提出了哪些原则"必须"坚持的问题。再到党的十四大，将其总结概括，形成了具有内在逻辑联系的完整体系。关于"两手抓""两手都要硬"的问题，关于大局和小局的关系问题，关于稳定和发展的关系问题，关于领袖和制度的关系问题，关于和平与发展的关系问题，关于正确认识国内的主要矛盾问题，关于阶级斗争既不应夸大、也不应缩小的问题，关于先富与后富的关系问题，关于公平与效益的关系问题，关于速度和效益的关系问题，关于"主体"与"补充"的关系问题，关于坚持四项基本原则与坚持改革开放的关系问题，关于以"一国两制"来和平统一祖国问题，其理论的形成都经历了这样一个发展过程，其发展历程及其理论的主要内容都生动地体现和闪烁出辩证法的光芒。

而生产力标准自身及其对工作是非得失的检验也包含有辩证法。我们所讲的生产力标准是动态的，不是静态的，其所指的生产力水平坐标系是以不同时期、不同阶段来显示出坐标点的，从总的发展趋势来讲，它的发展水平是呈前进和上扬趋向的。至于一个国家的综合国力和人民群众的生活水平，是随着生产力的发展，变动不定的，呈现出相对和绝对的统一。除此之外，由于有了生产力标准的检验，有了生产力标尺的衡量，我们才能坚持辩证法，反对片面性，果敢地提出在稳定中求发展，发展才是硬道理；抓住机遇，加快发展，力争国民经济隔几年上一个新台阶；允许一部分人、一部分地区，通过诚实劳动、合法经营先富裕起来，先富要帮后富，最后达到共同富裕；处理好主体与补充的关系，巩固、发展社会主义；以经济建设为中心，坚持四项基本原则，坚持改革开放；要一手抓改革开放，一手抓打击犯罪，一手抓经济建设，一手抓民主法制；一手抓物质文明，一手抓精神文明；要警惕右，但主要是防止“左”。这一系列理论、观点的辩证关系，我们都是以生产力标准来进行把握的。

综上所述，我们可以看到，实事求是和生产力标准渗透和体现着生动的唯物辩证法。实事求是、生产力标准是一个统一的整体，统一的链条，统一的过程。实事求是、生产力标准的产生与发展是唯物辩证的，运用其原理见诸实践也应是唯物辩证的。

4. 实事求是、生产力标准与唯物史观的关系

生产力标准本身属于历史唯物主义的范畴，它是历史唯物主义基本原理的本质内容的中国式的表达。而实事求是本身就属于辩证唯物主义的范畴。那么，生产力标准与实事求是在唯物史观中是怎样贯通到一起的呢？它们的桥梁和媒介就是世界的物质统一性原理和主客观相统一的原理，辩证唯物主义认为，世界是物质的，物质的世界是普遍联系的，是发展的。任何一个事物都有反映其本质内容的质的规定性；任何一个事物的运动都存在着自身规律。如果主观认识与客观事物的本质相符合，我们就能得到真知，把握事物的发展规律。实事求是就是要从客观存在的“实事”中，进行探求，去认识事实的“是”，即规律性。历史唯物主义认为，人类社会也是有自身的发展规律的，它不是杂乱无章的，不是一大堆历史偶然现象的简单堆砌。既然人类社会是有规律的，那么，这个规律也是可以被人们所认识的。不过，人类社会的运动形式不同于物质的机械运动、化学运动、物理运动，它的运动形式要复杂得多。马克思主义从生产力、生产关系、经济基础、上层建筑的矛盾运动中揭示了人类社会发展的基本规律。生产的观点是人类社会发展的第一的和基本的观点。既然人们的主观思想只有符合人类社会的本质规律，才能促进社会的向前发展，那么，在社会主义社会我们就应该坚持实事求是，既要使自己的主观认识符合客观实际，又要进一步使自己的社会行为有利于生产的发展。由此提出以是否有利于生产力的发展来检验和衡量一切工作是非得失，即确立生产力标准，是完全合乎逻辑的。正是在这个意义上，生产力标准和实事求是在唯物史观中得到了具体的统一。

（1）实事求是、生产力标准与社会主义的根本任务。社会主义的根本任务是解放生产力、发展生产力，这是邓小平唯物史观中的一个重要观点。这个论断是从中国社会的现实状况出发，进行认真反思，而得出来的正确结论。“在社会主义国家，一个真正的马克思主义政党在执政以后，一定要致力于发展生产力。”那么，新中国成立以来我们发展生产力的任务实现得好不好呢？“我们总结了几十年搞社会主义的经验。社会主义是什么，马克思主义是什么，过去我们并没有完全搞清楚。”“我们在一个长时期是忽视了发展社会主义生产力”。我们党通过历史经验的总结，认为新中国成立后的前 8 年是做得好的，迅速恢复了国民经济，进行了社会主义改造，成功地确立了社会主义制度。此后虽然社会主义建设取得了不小的成就，但总的说来国家的发展基本上处于停滞不前的状态，对外闭关自守，对内以阶级斗争为纲，制定政策超越了社会主义初级阶段，甚至发展到不但不能促进生产力发展，反而阻碍了生产力的发展。所以现在要扭住发展生产力这个根本环节不放松。那么，如何解放生产力、发展生产力？我们必须坚持生产力标准，只要有利于生产力的发展，不管是什么形式和内容的东西都是社会主义所允许的，所鼓励的。

（2）实事求是、生产力标准与科学技术是第一生产力。

科学技术是生产力这是马克思主义的一个基本观点。1978年3月18日，邓小平同志在全国科学大会开幕式上的讲话中，首先重申了马克思主义这一基本观点。邓小平同志在重申和肯定马克思主义这一基本观点时，是从“现代科学技术正在经历着一场伟大的革命”这一历史出发的，现代科学的重大发展，出现了新的飞跃，产生了并且正在继续产生一系列新兴科学技术。科学技术的突破性发展，使社会物质生产的各个领域面貌一新。新科技的应用，可以使同样数量的劳动力，在同样的劳动时间里，生产出比过去多几十倍几百倍的产品。因此，邓小平同志认为：当代“科学技术正在成为越来越重要的生产力”。1988年9月12日，邓小平同志在谈话中明确提出了“科学技术是第一生产力”的重要思想，将思考问题的落脚点放到了发展社会生产力上，对马克思主义的唯物史观做出了重大发展。

（3）实事求是、生产力标准与邓小平唯物史观的其他观点。邓小平同志关于社会基本矛盾的观点，关于社会主义条件下阶级斗争的观点，关于加强社会主义精神文明建设的观点，关于加强社会主义民主法制的观点，关于维护领袖权威、尊重群众首创精神的观点，关于“一国两制”的科学构想，等等，都是从中国的现实出发，也都是坚持生产力标准，着眼于我国社会生产力的发展，进行正确的总结和概括，从“求”中把握“是”而提出来的。总之，邓小平同志博大精深的哲学思想是极为丰富的，是具有鲜明个性特点的，

“863 计划”的四位倡导者王淦昌、王大珩、杨嘉墀、陈芳允（右起）在一起。

而他关于哲学问题的一系列论断、原则和观点，都是建立在实事求是、生产力标准两大基石之上的，都是以此为依据提出问题、分析问题和解决问题的。因此，也就在中国特色社会主义的伟大实践中，形成了他具有相对独立意义的哲学思想体系。

邓小平改革思想及其现实意义*

“坚持改革开放是决定中国命运的一招。”邓小平同志作为中国社会主义改革开放和现代化建设的总设计师，以巨大的政治勇气和理论勇气，对中国改革作出了一系列精辟论述，形成一个完整思想体系，成为邓小平理论的重要组成部分，为开创中国特色社会主义作出了重大贡献。在纪念邓小平同志诞辰110周年之际，学习他关于改革的重要论述和光辉思想，不仅是对他的深切缅怀和最好纪念，而且对我们当前全面深化改革具有重要意义。

邓小平改革思想在历史反思、实践探索中萌发和产生

邓小平改革思想是在什么样的历史背景下萌发和产生的呢？习近平同志在中央政治局第二次集体学习时回顾我国改

---

* 原载《人民日报》2014年8月19日。

革开放历程说，上世纪 70 年代末，我们党和国家作出改革开放的历史性决策，有三个主要原因：一是对“文化大革命”的深刻反思；二是对中国发展落后的深刻反思；三是对国际形势的深刻反思。邓小平改革思想就是在这三个深刻反思中萌发、形成和发展起来的。

对“文化大革命”的深刻反思。“文化大革命”使党、国家和人民遭受严重的挫折和损失，这一切为什么会发生？1977 年 7 月邓小平同志第三次复出后，对这个问题进行了深刻思考，并由此引发他对我国政治、经济体制和相关具体制度的反思。他从汲取经验教训的角度，从坏事在一定的条件下可以转化为好事的角度，谈了“文化大革命”作为反面教材的作用。1986 年 9 月，邓小平同志在接受美国哥伦比亚广播公司迈克·华莱士采访时指出：“善于总结‘文化大革命’的经验，提出一些改革措施，从政治上、经济上改变我们的面貌，这样坏事就变成了好事。”1988 年 9 月，他在会见捷克斯洛伐克总统胡萨克时说：“没有‘文化大革命’的教训，就不可能制定十一届三中全会以来的思想、政治、组织路线和一系列政策。”

对中国发展落后的深刻反思。邓小平同志重新回到领导岗位后，用了很大精力研究我国的国情，不断思考通过什么样的途径和方法改变我国发展落后的问题。在党的十一届三中全会前后，对这个问题邓小平同志经常挂在嘴边，在多次讲话和谈话中时常说起。1978 年 10 月，他在会见德国新闻代表团时说，我们“同发达国家相比较，经济上的差距不止是十年了，可能是二十年、三十年，有的方面甚至可能是五十年”。他认为：“承认落后就有希望，道理很简单，起码有个好的愿望，就是要干，想出好方针、政策和办法来干。”邓小平同志不仅在反思中国发展落后中寻求改革的办法，而且将此与体现社会主义制度的优越性联系在一起。1987 年 10 月，他在会见匈牙利客人时指出，“我们现在真正要做的就是通过改革加快发展生产力，坚持社会主义道路，用我们的实践来证明社会主义的优越性”。

对国际形势的深刻反思。20 世纪七八十年代，世界形势发生重大变化，邓小平改革思想就是在对这一形势的准确把握中产生的。这个时候，随着东西方关系逐渐缓和以及战争危险减弱，许多国家都在抢占战略制高点，加快本国经济和科技的发展。邓小平同志及时洞察到这一变化，提出了和平与发展是当今时代主题的重大论断。1983 年 3 月，邓小平同志在同几位中央负责同志谈话时指出：“大战打不起来，不要怕，不存在什么冒险的问题。”“我看至少十年打不起来。”邓小平同志这个论断为我们党作出改革开放决策奠定了重要基础。正如他所说的：“一九七八年我们制定一心一意搞建设的方针，就是建立在这样一个判断上的。”

邓小平改革思想就是在这样一个历史反思、实践探索中萌发和产生的，并随着我国改革开放实践的逐步深入而不断发展。回溯和探寻邓小平改革思想发展的脉络和轨迹，其思想的逻辑和历史的逻辑是一致的。邓小平改革思想与我国改革开放实践同步而行，两者相互促进，大致经过了以下几个阶段：1975 年全面整顿的酝酿阶段；从党的十一届三中全会到十二大的逐步形成阶段；从党的十二大到十三大的进一步发展阶段；从党的十三大到 1992 年南方谈话和十四大的完善和成熟阶段。党的十四大对邓小平同志建设有中国特色社会主义理论的主要内容作了科学提炼，十五大又作了高度概括，这个理论形成了比较完整的科学体系。而邓小平改革思想也内含其中，成为重要组成部分。

邓小平改革思想内涵丰富、博大精深

邓小平同志在领导我国改革开放和社会主义现代化建设实践中，集中全党和广大人民群众的智慧，形成了改革思想。这个思想内涵丰富、博大精深，是从当代中国国情和时代特征出发对马克思列宁主义、毛泽东思想的继承和发展，为马克思主义理论宝库增添了新内容，开拓了马克思主义发展新境界。那么，邓小平改革思想主要有哪些内涵呢？

"改革也是解放生产力"，邓小平同志深刻阐述了我国改革的目的。邓小平同志认为，社会主义的优越性归根到底要体现在它的生产力比资本主义发展得更快一些、更高一些。他强调，革命是解放生产力，改革也是解放生产力。"改革的性质同过去的革命一样，也是为了扫除发展社会生产力的障碍，使中国摆脱贫穷落后的状态。”

“改革是社会主义制度的自我完善和发展”，邓小平同志深刻阐述了我国改革的性质。邓小平同志认为：“改革是社会主义制度的自我完善，在一定的范围内也发生了某种程度的革命性变革。”改革总的目的是要有利于巩固社会主义制度，有利于巩固党的领导，有利于在党的领导和社会主义制度下发展生产力。邓小平同志强调：“在改革中坚持社会主义方向，这是一个很重要的问题。”

“改革是全面的改革”，邓小平同志深刻阐述了我国改革的内容和范围。邓小平同志指出：“改革是全面的改革，包括经济体制改革、政治体制改革和相应的其他各个领域的改革。”他认为，政治体制改革同经济体制改革应该相互依赖、相互配合。只搞经济体制改革，不搞政治体制改革，经济体制改革也搞不通。

“四个坚持是成套设备”，邓小平同志深刻阐述了我国改革的政治保障。邓小平同志指出，中国要实现四个现代化，必须在思想上政治上坚持四项基本原则，决不允许在这个根本立场上有丝毫动摇。他强调，“四个坚持”和改革开放是相互依存的。“四个坚持是成套设备”，“如果动摇了这四项基本原则中的任何一项，那就动摇了整个社会主义事业，整个现代化建设事业”。

“由共产党领导”，邓小平同志深刻阐述了我国改革的领导力量。邓小平同志指出，中国共产党是社会主义现代化事业的领导核心。中国社会主义事业由共产党领导，这个原则是不能动摇的。“如果没有共产党的领导，不搞社会主义，不搞改革开放，就呜呼哀哉了，哪里能有现在的中国？”“共产党的领导就是我们的优越性。”

“紧紧地依靠群众”，邓小平同志深刻阐述了我国改革的依靠力量。邓小平同志指出：“群众是我们力量的源泉，群众路线和群众观点是我们的传家宝。”改革开放中许许多多的东西，都是由群众在实践中提出来的，是群众发明的。“党只有紧紧地依靠群众，密切地联系群众，随时听取群众的呼声，了解群众的情绪，代表群众的利益，才能形成强大的力量，顺利地完成自己的各项任务。”

“胆子要大，步子要稳”，邓小平同志深刻阐述了我国改革的方法和步骤。邓小平同志认为，改革开放要大胆地试、大胆地闯。要善于摸着石头过河，“要总结经验，对的就坚持，不对的赶快改，新问题出来抓紧解决”。“要克服一个怕字，要有勇气。”同时他强调，改革涉及群众的切身利益问题，每一步都会影响成亿的人，改革“不能蛮干”，“要慎重”，要“走一步，看一步”。改革总的方针是胆子要大，步子要稳。

“三个有利于”，邓小平同志深刻阐述了我国改革的得失成败评价标准。邓小平同志提出判断改革得失成败的标准，应该主要看是否有利于发展社会主义社会的生产力，是否有利于增强社会主义国家的综合国力，是否有利于提高人民的生活水平。

“对外开放也是改革的内容之一”，邓小平同志深刻阐述了我国改革与开放的关系。邓小平同志指出，任何一个国家要发展，孤立起来、闭关自守是不可能的。“改革就是搞活，对内搞活也就是对内开放，实际上都叫开放政策。”“对外开放也是改革的内容之一，总的来说，都叫改革。”

邓小平改革思想是由改革的目的、改革的性质、改革的内容和范围、改革的政治保障、改革的领导力量、改革的依靠力量、改革的方法和步骤、改革的得失成败评价标准、改革与开放的关系等构成的完整思想体系，是全面系统的改革观，最终回答了“什么是我国的社会主义改革、怎样进行我国的社会主义改革”等重大理论和实践问题。

邓小平改革思想成功指导了我国改革开放的伟大实践

邓小平改革思想指导着我国改革开放和社会主义现代化建设事业，并且在实践中取得了巨大成功。改革开放是我们党在新的历史条件下的伟大实践和探索，具有鲜明的中国特色。可以说，如果没有邓小平改革思想，中国人民就不可能有今天的新生活，中国就不可能有今天改革开放的新局面和社会主义现代化的光明前景。

“文化大革命”结束后，我国在前进的道路上面临着向何处去的严峻考验。当时摆在党和人民面前的有三条路：一条是封闭僵化的老路；一条是改旗易帜的邪路；一条是重新开辟和寻找的新路。在这个重大历史关头，邓小平同志勇敢地面对现实，总结经验，纠正错误，领导我们党从困难中重新奋起，为中国社会主义发展开辟了新路。

党的十一届三中全会确定把党和国家工作的中心转移到经济建设上来，作出实行改革开放的历史性决策，开始形成以邓小平同志为核心的党的第二代中央领导集体。改革开放从这次全会揭开序幕，中国特色社会主义道路以这次全会为起点正式开辟。改革首先从农村率先突破，亿万农民进行了新的实践。实行家庭联产承包和发展乡镇企业，是中国农民的伟大创造。在农村改革的推动下，城市经济体制改革开始试点和启动。党的十二届三中全会后，经济体制改革的重点由农村转向城市，科技体制和教育体制的改革相继进行，政治体制改革也逐渐提上日程。在全面推进城乡改革的同时，经济特区—沿海开放城市—沿海经济开放区—内地这样一个全方位、多层次、宽领域、有重点、立体式的对外开放格局逐步形成。

党的十三大提出加快和深化改革的任务后，在国际国内形势复杂艰难的情况下，我们党团结和带领全国各族人民，克服种种困难，实现了社会稳定、政治稳定和经济发展。我国经济经历了一个加速发展的飞跃时期，整个国民经济提高到一个新的水平。

20 世纪 80 年代末 90 年代初，国内政治风波和国际复杂形势又一次使我们党经历了严峻考验。在这个重大历史关头，又是邓小平同志坚定地坚持以经济建设为中心不动摇，旗帜鲜明地坚持四项基本原则、坚持改革开放，使我们党和国家经受住了险风恶浪的考验，继续沿着中国特色社会主义的正确航向破浪前进。

在邓小平改革思想指引下，改革开放给中国带来翻天覆地的变化。我国经济建设、科技实力、综合国力大幅跃升，经济建设、政治建设、文化建设、社会建设、生态文明建设以及党的建设稳步推进，国际地位日益提升。中国的发展不仅使中国人民大踏步地赶上了时代的潮流，而且为世界经济发展和人类文明进步作出了重大贡献。

我国改革开放的伟大实践雄辩地证明，改革开放是决定当代中国命运的关键抉择，是坚持和发展中国特色社会主义、实现中华民族伟大复兴中国梦的必由之路；只有社会主义才能救中国，只有改革开放才能发展中国、发展社会主义、发展马克思主义。

邓小平改革思想对全面深化改革的现实意义

习近平同志在党的十八届三中全会上的讲话指出："面对未来，要破解发展面临的各种难题，化解来自各方面的风险和挑战，更好发挥中国特色社会主义制度优势，推动经济社会持续健康发展，除了深化改革开放，别无他途。"今天，

农村经济体制改革深入发展，我国粮食总产量逐年增加。图为 20 世纪 80 年代，辽宁省昌图县农民正在把丰收后的余粮运入粮库。

居民消费水平明显提高，生活条件有了较大改善。图为 20 世纪 80 年代高楼林立的北京和平门居民区。

20 世纪 90 年代，浦东新区远眺。

第 11 届亚运会开幕式向全世界展示了中华民族的灿烂文化和中国人民的崭新精神面貌。

我国全面深化改革所面临的形势和任务，与20世纪七八十年代相比已有很大不同，但改革的历史进程是连续的，邓小平改革思想对于当前更加深刻地认识改革的历史必然性，更加自觉地把握改革的规律，更加坚定地肩负起全面深化改革的重大责任，具有重要的现实意义。

改革必须坚持正确的方向，沿着正确的道路前进。我们的改革是有方向、有立场、有原则的。改什么不改什么，我们要心中有数。我们改革的方向就是不断推动社会主义制度的自我完善和发展。世界在发展，社会在进步，不搞改革只能是死路一条。但是，搞否定社会主义的所谓“改革”也是死路一条。我们要毫不动摇地坚持党的基本路线，保持清醒头脑，排除各种干扰，坚持和完善党的领导，坚定不移走中国特色社会主义道路。

改革必须坚持正确的方法论，在不断探索中推进。改革是前无古人的崭新事业。在中国这样一个拥有13亿多人口的国家进行改革，绝非易事。中国是一个大国，决不能在根本性问题上出现颠覆性错误，一旦出现就无法挽回、无法弥补。中国改革已进入攻坚期和深水区，面临种种躲不开、绕不过的难题。改革一定要坚持正确的方法论，既要解放思想、大胆探索，又要稳妥审慎、三思而后行；既要摸着石头过河，又要加强顶层设计，要注重改革的系统性、整体性、协同性。

改革必须处理好改革发展稳定的关系，坚持在三者的统一中不断前进。改革发展稳定是我国社会主义现代化建设的三个重要支点，也是全局中的三枚关键棋子。改革是经济社会发展的强大动力，发展是解决一切经济社会问题的关键，稳定是改革发展的前提。新形势下，我们要坚持把改革的力度、发展的速度和社会可承受的程度统一起来，把改善人民生活作为正确处理改革发展稳定关系的结合点，在保持社会稳定中推进改革和发展，通过改革和发展促进社会稳定。

改革必须坚持尊重人民的首创精神，坚持在党的领导下进行。我国是社会主义国家，人民是国家的主人，是改革开放的实践主体，是决定我国前途和命运的根本力量。新形势下全面深化改革，要认真贯彻党的群众路线，最大程度地吸纳人民群众广泛参与，保证改革始终有众志成城的民意支撑，始终有破浪前行的民众动力。改革发展稳定任务越繁重，我们越要加强和改善党的领导，善于通过提出和贯彻正确的路线方针政策带领人民前进，善于根据人民的实践创造和发展要求完善政策主张，使改革发展成果更多更公平惠及全体人民，不断为深化改革夯实群众基础。

1985 年 9 月，邓小平同志在中国共产党全国代表会议上强调:“到下世纪中叶，能够接近世界发达国家的水平，那才是大变化。到那时，社会主义中国的分量和作用就不同了，我们就可以对人类有较大的贡献。”现在我们比历史上任何时候都更加接近这个目标，都更加有条件实现这个目标。中国要发展起来、强大起来，要“对人类有较大的贡

在海南建省办经济特区 30 周年之际，党中央决定支持海南全岛建设自由贸易试验区。几年来，海南省加快自贸港建设步伐，全面深化改革开放取得新的成果。图为 2023 年海南环新英湾地区。

献”，必须毫不动摇地坚持改革。我们坚信，在以习近平同志为核心的党中央坚强领导下，只要我们按照党的十八届三中全会的战略部署，坚定不移地全面深化改革，我们的目标就一定会实现，邓小平同志的期盼就一定会成为现实。

邓小平致富思想及其实践意义*

致富思想是邓小平理论的重要组成部分。它独具新意，富有活力，是邓小平同志在改革开放的历史条件下，对马克思列宁主义、毛泽东思想的一个重大发展，它充满了唯物辩证法，折射了时代精神，深刻反映了社会主义市场经济的发展规律，体现了社会主义的本质要求，是邓小平同志在新的历史时期的一项伟大创造。今天，我们认真学习、研究这一思想，对正确解决和处理当前分配领域中的各种矛盾和问题，统一全党思想，具有重要的现实意义。

致富思想的基本内涵

了解邓小平致富思想的基本内涵是我们研究问题的前提，考证这一思想提出的最早时间则是我们研究问题的起

* 原载《青海社会科学》1994 年增刊，原文标题为《论邓小平致富思想及其实践意义》。

点。那么，邓小平致富思想何时提出？基本内涵是什么？见诸公开发表的资料表明，致富思想是邓小平同志 1978 年 12 月 13 日在中央工作会议闭幕会上所作的《解放思想，实事求是，团结一致向前看》报告中最早提出。此后，从 1983 年 1 月 12 日邓小平同志同国家计委、国家经委和农业部门负责同志谈话开始，至 1992 年 2 月 21 日视察南方谈话为止，在近十年的时间里，他又在不同的时间、地点、场合，就这一问题同外宾和中央、部门、省区领导谈话达 20 余次之多。这些谈话有的重申了 1978 年中央工作会议闭幕会报告的精神，有的则又讲了新的内容，拓展和延伸了原来的思想。如果我们对 1978 年报告和所有的谈话作一归纳和整理，简单地进行概括，从本质上予以把握，邓小平致富思想的基本内涵就是：允许一部分地区、一部分人“辛勤努力成绩大”而先富裕起来，产生“示范力量”，“影响左邻右舍”，带动其他地区、其他人后富，“使整个国民经济不断地波浪式地向前发展”，使全国各族人民都比较快地共同富裕起来。质言之就是：通过部分先富的“捷径”，快速达到共同富裕的最终“目的”。这里需要强调指出的是，必须将部分先富和共同富裕作为一个整体来看待。部分先富离开了共同富裕，就会发生质变，走上邪路；共同富裕离开了部分先富就会变成空洞的口号、抽象的概念，根本无法实现。

致富思想的逻辑关系

邓小平致富思想是邓小平理论的有机组成部分，它是和邓小平同志的社会主义本质论紧密联系在一起的。“贫穷不是社会主义”，这是邓小平致富思想的立论基础。邓小平同志提出这一观点，始于对十年“文革”的反思。十年“文革”使我国国民经济濒临崩溃的边缘，国家处于“贫困、停滞的状态”。人民生活没有多大改善，给民族带来了深重的灾难。痛定思痛，经验教训是什么呢？“最根本的一条经验教训”，就是什么是社会主义，“过去我们并没有完全搞清楚”。什么是社会主义？“社会主义是共产主义的第一阶段”，共产主义是优越于资本主义的社会形态，在共产主义阶段，要实行“各尽所能，按需分配”，“按需分配要物资的极大丰富，难道一个贫穷的社会能够按需分配？共产主义能够是贫穷的吗？”“社会主义要消灭贫穷。贫穷不是社会主义，更不是共产主义。”“社会主义的特点不是穷，而是富”。现实迫使我们重新考虑问题，历史的反思从这里开始，致富思想的逻辑起点也从这里起步。“贫穷不是社会主义”理论观点的确立，使社会主义从扭曲回归到了科学。这样就为人们的思维置放了一个前导词：富裕不一定是社会主义，但社会主义一定是富裕的，而且应该比资本主义更富裕。因此“致富不是罪过”，社会主义要讲致富，要大张旗鼓、理直气壮地讲致富。

致富从哪里入手？邓小平同志认为，根据当时中国社会存在的问题，要从“打破平均主义”入手。过去在“左”的思想的影响下，我们超越了历史的发展阶段，在分配领域长期盛行吃“大锅饭”，搞平均主义，结果科学社会主义走样变形，严重地压抑了人民群众的积极性、创造性。它貌似公平，实际上最不公平，看似能够使人们同时、同步富裕，“实际上是共同落后、共同贫穷”。针对平均主义和“大锅饭”的弊端，邓小平同志严肃指出：“搞平均主义不行”，“平均发展是不可能的”。“搞平均主义，吃‘大锅饭’，人民生活永远改善不了，积极性永远调动不起来。”过去“我们就是吃了这个亏”。要致富就要从打破平均主义、破除“大锅饭”入手。

那么，怎样打破平均主义，破除“大锅饭”？这就提出了部分先富的问题。邓小平同志说，允许、提倡、鼓励“一部分人先富裕起来，一部分地区先富裕起来”，这是“能够影响和带动整个国民经济的”“大政策”。部分先富是手段而不是目的，它是“带动大部分地区”、大部分人“加速发展、达到共同富裕的捷径”。改革开放的实践证明，“这条路子”我们走对了。

允许部分先富，必须防止两极分化。邓小平同志在提出部分先富的同时，始终强调要防止两极分化。之所以这样考虑问题，他认为，我们讲的致富，是社会主义致富，社

20 世纪 80 年代，陕西长安县韩家湾生产队社员正在领取家庭联产承包责任制的合同书。

北京前门大栅栏街道办事处干部尹盛喜在政策支持下辞职，办起了北京大碗茶青年茶社。

会主义致富是全民共同致富。“如果我们的政策导致两极分化，我们就失败了”，“改革就算失败了”；“如果产生了什么新的资产阶级，那我们就真是走了邪路了”。“如果搞两极分化，……民族矛盾、区域间矛盾、阶级矛盾都会发展，相应地中央和地方的矛盾也会发展，就可能出乱子。”“中国的小康社会形成不了。”因此，对落后地区，国家要给予帮助，发达地区要给予支持，“先进地区帮助落后地区是一个义务”，先进地区可以通过“多交点税和技术转让等方式”支持落后地区。先富要带后富，要提倡先富者自愿出钱办教育、修路。先富帮后富要把握时机，过早了不行，不能搞硬性摊派。要完善政策和法规，对先富者要进行一些必要的限制，例如征收所得税等等。

允许部分先富，必须时刻不忘共同富裕，因为共同富裕规定了部分先富的性质和方向。主张部分先富，“大原则是共同富裕”，共同富裕是社会主义的“原则”、“本质”和“目的”，因此，可以说共同富裕是邓小平致富思想的出发点、落脚点、核心点。讲原则，是因为不坚持这一条，我们的社会性质就会发生变化；讲本质，是因为这一条显示了社会主义制度的优越性和生命力；讲目的，是因为这一条是我们共产党人为之奋斗的崇高理想。

邓小平致富思想从“贫穷不是社会主义”开始立论，提出了部分先富和共同富裕的伟大思想，思路连贯、脉络清晰、内容新颖、含义深刻，以独特的思维方式，开创了一条经济落后的国家如何建设社会主义的崭新道路。

致富思想的理论特点

致富思想是邓小平同志不断对社会主义进行反思，不断满足实践的需要，不断回答现实提出的各种问题，不断总结群众的新鲜经验的思想结晶。它的理论构成有其自身的特点。在一定的意义上，可以说，它是邓小平同志众多理论观点和思想原理的相互渗透和叠加。从哲学上讲，它包含了先富与后富、先进与落后、部分富裕与共同富裕、手段与目的、政治与经济、眼前与长远、多与少、大与小、加速与逐渐、自力更生与外力支援、量与质等众多的哲学矛盾对子，强调了打破平均主义与防止两极分化的两点论，这众多的矛盾对子和两点论的思想工作方法揭示了社会主义致富的发展规律与演变递进过程，这就是从这部分富裕至那部分富裕再到整体富裕；从先富到后富再到共同富裕；从小差距到大差距（有一定度的限定）再到小差距，循环往复，从低级阶段向高级阶段的逐步推进，不断推动经济和社会向前发展。这里“部分”是数字概念，“先”是时间概念，“共同”是生产关系中的所有制概念，“富裕”是生产力快速发展，物质文明、精神文明高度发达所组合的综合概念。这是邓小平同志对马克思主义哲学的运用和发展。从政治经济学上讲，“勤劳致富是正当的”，“一部分地区、一部分企业、一部分工人农民，由于辛勤努力成绩大而收入先多一些，生活先好起来”。这就尊重了价值规律，体现了社会主义的按劳分配原则和物质利益原则。对先富者税收调节，先富后富通过经济协作相互帮助，互利互惠，符合社会主义市场经济的法则。这是邓小平同志对马克思主义政治经济学的运用和发展。从科学社会主义上讲，把共同富裕作为一个历史过程来对待，作为社会主义的原则、本质来坚持和确认，作为最终目的来追求，是符合无产阶级和全体劳动人民根本利益的。这是邓小平同志对马克思主义科学社会主义的运用和发展。以上三个方面内容的兼容并蓄，就使这一思想清晰、深刻地表述了社会主义的致富目的，既闪烁着哲学的智慧，又体现了经济的发展规律，还坚持了党性原则，反映了社会主义的本质要求。全方位、多侧面、多角度、多领域，相互论证，相互支持，相互渗透，是这一思想的显著理论特点。

致富思想的效应与意义

致富思想是邓小平同志以巨大的政治和理论勇气，把马克思主义的普遍原理与当代中国的具体实际相结合，不畏艰险，勇于探索，进行的一项伟大的创造。它的提出成功地指导了我国改革开放和社会主义现代化建设的伟大实践，帮助人们校正了对社会主义的不正确的认识，促使中国社会发生了巨大的变革。改革开放的实践证明，这一思想是完全正确的，在这一思想指导下制定的新政策，是改革开放的“第一推动力”。16 年来，沿海地区利用“天时、地利”的优势，“跳跃式”发展，“超常规”前进，社会经济面貌发生了翻天覆地的变化。许多省区提前实现了第二个经济翻番的目标。沿海地区的发展起到了辐射和示范效应，有力地带动了内地和边远地区的经济发展。根据中央的要求，沿海经济发达各省区纷纷与内地经济落后各省区结成帮扶“对子”，进行经济协作、技术转让、信息传递、人才输送、项目合作和投资。发达地区利用自己的人才、资金、技术、设备、信息等优势，帮助落后地区发展经济，进行建设。落后地区则利用自己的各种资源优势，在沿海办分厂、开分店，设立经济、科技、开放窗口，学习发达地区的先进管理方式和经验，掌握世界市场信息，引进资金和技术，促使自己的经济快速发展。这种协作和帮扶是多层次、多渠道、多形式、全方位的。江苏省华西村富裕了以后，先向本省辐射，曾拿出 1000 多万元并派出部分技术人员，支持附近 5 个村办工业。尔后，他们向外省辐射，筹划了一项帮助中西部 10 万农民脱贫的援助工程。山东省牟平县新牟里村几年来在本省经济不发达地区累计投资 3 亿多元，建成 6 个扶贫项目。1994 年开始又实行跨省扶贫，到河北邢台进行投资。著名农民企业家、浙江万向集团董事长鲁冠球在以往扶贫的基础上，雄心勃勃地拿出了宏大的亿元“西进计划”……先富帮后富，后富促先富，相互影响，相互利用，使我国国民经济登上了

京蒙协作深入发展，大兴西瓜在内蒙古锡林郭勒盟“安家”。

一个又一个新的台阶。中国改革开放的伟大实践，写就了部分先富、共同富裕的生动历史和辉煌篇章。

邓小平致富思想和我国社会主义的致富实践，对国际共产主义运动和人类文明进步事业作出了贡献，给经济落后国家如何发展经济、如何改变贫穷落后面貌，走全体人民共同富裕之路，提供了可资借鉴的丰富经验。自古以来，公平与效率就是困扰人类社会前进的一大问题。多少仁人志士，多少政治家、思想家苦苦思索和探求，但迄今为止，没有哪个人、哪个国家、哪个政党能够从理论和实践的结合上成功地解决这一问题。邓小平致富思想，在现实的中国，比较成功地解决了这一矛盾，为我国各族人民走向光辉的未来指明了前进的方向。

致富思想的警策和启迪

实践证明，邓小平致富思想是一个伟大的思想，它已经在现实中国发挥了巨大的理论指导作用。随着人们对它的认真学习，深刻领会，全面把握，它还将产生更大的威力。当前，我国地区间、城乡间的发展差距日趋拉大，收入分配不公问题也日益凸现，如何以这一思想为指导，提高认识，统一思想，正确处理和解决分配领域中的各种矛盾与问题，就显得十分紧迫和重要。学习邓小平致富思想，至少给我们这样一些重要的警策和启迪：

1. 适度保持差距。改革开放以来，贫富差距拉大已是不容忽视的客观事实。问题的难点是如何既坚持共同富裕，又不重蹈“一平二调”、平均主义的覆辙，既允许和鼓励部分先富，又防止贫富悬殊、两极分化，这是一个两难选题。解决问题的关键是把握好贫富差距的极限和度数。邓小平致富思想告诉我们，破除平均主义，打破“大锅饭”必须允许和鼓励部分先富，不这样做，改革无法启动，人们的积极性无法调动。允许、鼓励部分先富，必然产生差距，没有差距，就没有矛盾，没有差距，就没有效率。允许差距，承认差距，鼓励差距，容忍差距，这是我们工作的起点。但是，差距必须适度，过大了不行，过小了也不行。过大、过小都会引起严重的负面效应。正确把握差距的“度”意义重大。从原则上讲，适度保持差距就是既不能导致平均主义，也不能产生两极分化。保持差距是为了缩短差距，承认差距是为了消灭差距。缩短和消灭差距需要时间，共同富裕是一个长远目标，不可能一蹴而就，所以缩小差距、消灭差距都在逐步实现共同富裕的历史过程之中。

2. 消灭绝对贫困，缓解相对贫困。贫穷不是社会主义，社会主义要消灭贫穷。但是，消灭贫穷，必须从现实国情出发。我国人口多，底子薄，经济文化落后，发展不平衡，要想在短时间内使全体人民同时、同步富裕既是不可能的，也是不现实的。因此，在我国还未基本实现社会主义现代化之前，在相当长的时间内，都还会有相对贫困的存在。相对贫困是一个动态的概念，它是和绝对贫困相对而言的。相对贫困的存在，要求我们永远保持只争朝夕的精神，你追我赶，不要停留在原地踏步不前，要不断地缩小差距。绝对贫困是一个静态的概念，它是以一定时间、一定地点、一定对象、一定人数、一定标准所界定的贫困状态。在社会主义市场经济条件下，消灭旧有的贫困与产生新标准的贫困，先富与后富在富裕程度上相互转化，将是普遍的现象。所以，相对贫困的消除是一个漫长的历史过程，绝对贫困的消灭是确定在特定的时间内的。我们的近期目标就是在20世纪末，使8000万贫困人口逐步脱贫，消灭绝对贫困，长远目标是缓解相对贫困，使全体人民的生活水平在生产发展的基础上普遍得到提高。

3. 变“输血”扶贫为“造血”扶贫。我国是一个统一的多民族的社会主义国家。就整体而言，没有农村的小康就没有城市的小康，没有中西部地区的发展就没有东部地区的发展，没有少数民族地区、落后地区的现代化也就没有全国的现代化。因此，对于少数民族地区、边远地区、贫困地区、革命老区，国家和各级政府必须予以扶持，必须进行扶贫。但是，扶贫要实行战略性的根本转变，即变救济式扶贫为开发式扶贫，变封闭性扶贫为开放性扶贫，变行政命令型扶贫为经济协作型扶贫，变单项政府扶贫为全社会扶贫。重在走科技扶贫、教育扶贫、政策扶贫，扶贫扶志之路。贫困落后地区要解放思想、更新观念，克服等靠要的依赖心理，振奋精神，在自力更生的基础上，争取外援。发达地区则应该将扶贫作为自己的应尽义务。发达地区和贫困落后地区、先富者与后富者，互通有无，优势互补，就可以互利互惠，比翼齐飞。

4. 坚持正确的致富导向。让哪些人先富？通过什么手段先富？富裕了以后怎样进行文明消费？致富的舆论和政策导向十分重要。邓小平致富思想告诉我们，要倡导一部分工人、农民、科技人员先富，以“辛勤劳动”致富，以科学技术致富，以文化知识致富。倡导致富者勤俭节约、艰苦奋斗，过科学、文明、健康的社会主义新生活。坚持正确的致富导向是舆论宣传和政策倾斜中必须十分注意的一个重要问题。

5. 加强法制建设，保护合法致富。现实生活中，致富的手段多种多样。然而，从其性质上看有合法和非法之分。我们提倡致富者合法经营，打击非法牟取暴利。通常情况下，合法与非法有明确的政策界限。由于我们还处在社会主义初级阶段，我们实行的是按劳分配为主的多种分配方式，因此资本收入、风险收入、经营收入等都是符合现行法律和政策规定的。只要经营投资者遵法守法，其正当的收益是受国家法律保护的。而以次充好、以假充真的假冒伪劣致富，诈骗、盗窃致富，以权谋私、权钱交易的致富，偷税漏税、走私贩私的致富等都是非法的。由于改革是一场革命，是一个试验，是干前人未干过的事业，走前人未走过的路，所以有

2013年11月3日，习近平总书记在湖南省花垣县双龙镇十八洞村首次提出精准扶贫理念。多年来，十八洞村充分发挥党建引领优势，助力精准脱贫，村容村貌发生巨大变化。图为十八洞村新貌。

时致富的行为方式会出现界限不太清楚的情况，我们要以“三个有利于”作为衡量和评判的根本标准。

6. 在效率优先的前提下兼顾公平。效率优先、兼顾公平是把允许和鼓励部分先富的思想政策化了。效率优先就是在国民收入的初次分配中以效益的大小、效率的高低作为分配的主要依据，以此来鼓励国民生产各部门把蛋糕做大些，为社会进步创造条件，为社会公正奠定物质基础。初次分配要适当拉开差距。兼顾公平就是国家通过国民收入的再次分配，实行财政转移支付，尽最大地努力调节社会矛盾、解决社会公平。再次分配要逐步缩小差距。效率原则是市场经济的普遍通行原则，社会公平是社会主义制度的本质要求。因此，我们在强调效率优先，加快社会经济发展的同时，应该通过分配、税收政策的调节，法律、法规的健全，市场秩序的规范，社会保障制度的建立与完善，去逐步实现社会的公平。

7. 正确看待理论与政策的异同。邓小平致富思想，既是一个重要的思想理论，又是现行的一项重要经济政策，二者内容的同一性，使其相互联系，二者内容的差异性，又使其相互区别。说它们同一，是因为它们在一定的条件下相互作用，内容同一；说它们差异，是因为它们二者居于不同的层次，起不同的作用，在一定的时空中存在差异。理论居于宏观层次，政策居于微观层次；理论管长远、管方向，相对稳定，政策管近期、管具体，随着形势任务的变化需不断调整。致富思想在实践中经受了检验，证明是一个伟大的理论。而现实分配领域中存在的问题，大多属于政策不完善、法制不健全、措施不配套等方面的问题。因此，我们不能将理论与政策混为一谈，不能因为政策不到位或变形走样而动摇和怀疑理论的正确性；也不能因为理论正确而无视现实存在的问题，不去进一步完善政策，寻找解决的办法和对策。两种倾向、两种做法，都需要防止。

我们相信，未来的中国是光明的中国。只要我们高举中国特色社会主义伟大旗帜，坚持党的基本路线一百年不动摇，励精图治，奋勇向前，我们就一定能够顺利实现我们既定的战略目标，逐步达到共同富裕。我们的目的一定要达到，我们的目的一定能够达到。

学习邓小平党的建设理论*

党的十四届四中全会的决定指出："邓小平同志建设有中国特色社会主义理论，包含着内容丰富的党的建设理论。"它们"都是党的建设理论的重要发展，为加强党的建设指明了方向"。在新的历史时期，加强党的建设，建设好新的伟大的工程，必须以邓小平党的建设理论为指导。

那么，什么是邓小平党的建设理论？它包括哪些主要内容？科学体系又是如何构成？与毛泽东党建思想是一个什么关系？四中全会的决定作了一个简明的概括和回答，决定对邓小平党的建设理论的体系和内容列了七条。第一条关于坚持和改善党的领导，使党成为领导社会主义现代化建设的坚强核心。第二条解放思想、实事求是，坚持正确的思想路线。第三条关于纠正长期"左"的错误，反对资产阶级自由化，要警惕右，但主要是防止"左"，提高坚持党的基本路

---

* 原载《党的生活》1995年第2期，原文标题为《认真学习领会邓小平党的建设理论》。

线的坚定性。第四条关于进行党的领导制度改革，完善党规党法，实现党内生活民主化制度化。第五条关于坚持和健全民主集中制，增强党的团结统一。第六条关于实行干部队伍“四化”方针，造就朝气蓬勃的领导干部队伍。第七条关于从严治党，反对腐败，加强党的纪律性。从以上内容来看，邓小平党的建设理论涉及党的建设方方面面的问题，其基本体系由党的马克思主义的政治路线，党的建设的前进目标和指导方针，党的领导理论，党的思想、组织、作风、制度建设方面的理论等所构成。

首先，邓小平同志创造性地提出了新时期党的政治路线。党的建设与党的政治路线紧密相连，政治路线正确，党就发展、前进，反之，则停滞、后退，这是一条被党的历史所反复证明了的真理。邓小平同志对党的建设的最大贡献就是推进了党的理论创新，并在这一理论的指导下形成了党在社会主义初级阶段的基本路线。这个理论和路线，第一次比较系统地初步回答了中国这样经济文化比较落后的国家如何巩固和发展社会主义的一系列基本问题，为中国共产党加强自身建设，担负起当代共产党人的历史使命指明了方向。

其次，邓小平同志指明了新时期党的建设的前进目标和指导方针。新时期党的建设的前进目标就是，在新的历史条件下保持党的先进性和纯洁性，把党建设成为更加坚强的工人阶级先锋队；坚持和改善党对社会主义现代化建设的领导，把党建设成为领导全国各族人民建设中国特色社会主义的坚强核心。这个前进目标体现了马克思主义的建党学说，适应新时期、新任务的要求，符合党的基本路线的需要。新时期党的建设的指导方针就是，围绕党的基本路线，适应形势和任务的需要，以改革的精神来加强党的建设。

第三，邓小平同志丰富和发展了党的思想建设、组织建设、作风建设和制度建设的理论。在党的思想建设方面，邓小平同志最突出的贡献是：重新确立和深化了党的思想路线，捍卫和发展了马克思列宁主义、毛泽东思想；丰富和发展了开展积极的思想斗争，克服党内错误倾向的理论。在党的组织建设方面，邓小平同志坚持了毛泽东党建思想的基本原理，提出党的组织工作要围绕党的政治路线来进行。同时，在健全党的民主集中制、加强党的干部队伍、党员队伍及其基层组织建设方面，均有新的发展。邓小平同志强调，要把党建设成为具有健全民主集中制的党；要建设一支适应社会主义现代化建设需要的干部队伍；要建设一支具有坚强战斗力的党员队伍；要把基层党组织建设成为带领群众贯彻党的基本路线的战斗堡垒。在党的作风建设方面，邓小平同志进一步丰富了党风建设的理论，他提出，执政党的党风关系到党和国家的性质和面貌；党风建设的实质是保持党同人民群众的密切联系；继承和发扬党的优良传统作风，坚决惩治党内的消极腐败现象是密切党群关系的重要措施；领导干部要带头发扬党的优良传统作风；对党风要进行综合治理。在党的制度建设方面，邓小平同志提出了一系列重要的思想

人民日报

RENMIN RIBAO

全会要求，在贯彻执行《关于党内政治生活的若干准则》的过程中，结合对党章修改草案的讨论，在全党进行一次坚持党的政治路线和思想路线、加强党的团结和统一、加强党的民主集中制和组织性纪律性的思想政治教育。党的各级组织和每一个党员，都要对照准则的规定，认真检查自己的工作和作风，发扬成绩，克服缺点；凡是违背准则的规定的，必须及时地、切实地纠正过来。个别党组织和某些党员的无组织无纪律、闹独立性和各行其是的现象，必须彻底改变。

——摘自中国共产党第十一届中央委员会第五次全体会议公报

关于党内政治生活的若干准则

（中国共产党第十一届中央委员会第五次全体会议通过）

一、坚持党的政治路线和思想路线

二、坚持集体领导，反对个人专断

三、维护党的集中统一，严格遵守党的纪律

四、坚持党性，根绝派性

五、要讲真话，言行一致

党的十一届五中全会通过的《关于党内政治生活的若干准则》。

理论观点。他总结我党正反两方面的经验教训，强调了制度建设的重要性，提出了制度问题更带有根本性、全局性、稳定性和长期性的著名论断；比较系统地概括了党的制度建设的内容及其体系；对社会主义的根本制度与具体制度作了区分；对现行领导制度、干部制度中存在的弊端进行了分析，提出了解决的办法和步骤。

第四，邓小平同志丰富和发展了党的领导理论，提出了许多具有创见性的思想观点。邓小平同志强调，要加强党的领导，改善党的领导；要加强思想政治工作；要进行政治体制改革；要坚持和完善中国共产党领导的多党合作和政治协商制度。

邓小平同志在长期的革命生涯中，作为党的第一代中央领导集体的重要成员，作为党的第二代中央领导集体的核心，其党的建设理论与毛泽东党建思想是一个什么样的关系呢？简单地回答就是一句话，继承和发展的关系。毛泽东党建思想是毛泽东思想的重要组成部分，它的内容是被实践已经检验、证明是科学正确的东西。邓小平党的建设理论是邓小平同志建设有中国特色社会主义理论的重要组成部分，它的内容也是被实践已经检验、证明是科学正确的东西。党的十四大报告指出，邓小平同志建设有中国特色社会主义理论是在新的历史条件下对毛泽东思想的继承和发展。那么，理所当然，邓小平党的建设理论也就是在新的历史条件下对毛泽东党建思想的继承和发展。具体说，在哪些方面后者对前者进行了继承呢？最主要的有这样一些方面：比如，密切联系于从政治路线上正确解决中国革命和建设的基本问题来建设党；着重从思想上建设党；发扬党的三大作风；实行惩前毖后、治病救人、弄清思想、团结同志的党内斗争方针；坚持四个服从的民主集中制原则等等。在哪些方面进行了发展呢？在党的十四届四中全会所列的邓小平党的建设理论的七个方面内容，对毛泽东党建思想都有创新，都有发展。

四中全会决定指出，新时期党的建设是一项新的伟大的工程，实施好这个工程，建设好这个工程，必须要以科学的理论为指导。这个科学的理论不是别的什么，就是邓小平同志建设有中国特色社会主义理论。四中全会对邓小平党的建设理论进行了系统简要的概括，这在改革开放以来党的历次决议、决定中还是第一次。所以，加强党的建设，对我们全党来说，当务之急就是要认真学习和领会邓小平党的建设理论，把握其理论体系，掌握其精神实质，联系实际，融会贯通。

在未来的世纪，中国能不能在激烈的国际竞争中取胜，处于主动地位，取决于我们能不能抓住时机，发展经济，把国内自己的事情办好。而要抓住时机，发展经济，把国内自己的事情办好，最关键的问题是又取决于全中国人民的领导核心——中国共产党能不能建设好。邓小平同志曾语重心长地提醒和告诫我们，中国要出问题，还是出在共产党内部。说到底，关键是我们共产党内部要搞好。在我们党的历史上，每一次关键时刻、紧要关头，都把党的建设作为重要问题郑重提到全党面前。我们坚信，只要我们始终坚持党的基本理论、基本路线不动摇，一心一意致力于经济建设，扭住经济建设这个中心不放松，把党建设好，坚持两手抓，两手都要硬，中国就大有希望，中国就一定会有一个光明的前景。

邓小平民族理论及其贡献*

邓小平民族理论具有丰富的内涵，它继承前人，又突破陈规，丰富和发展了马克思主义的民族理论宝库，成功地指导了我国新时期民族工作的实践。深入研究和探索邓小平民族理论及其对马克思主义民族理论的贡献，对于我们做好新形势下的民族工作，把中华民族团结、稳定、繁荣和发展的大格局胜利带入 21 世纪，具有重要的历史意义和现实意义。

早在新中国成立初期，邓小平同志就非常重视民族问题和民族工作。1950 年，在《关于西南少数民族问题》的讲话中，他就对民族问题的复杂性和重要性、实行真正的民族平等团结、实行民族区域自治、少数民族地区不能照搬汉族地区的政策、尊重少数民族的风俗习惯和宗教信仰等问题作了深刻的阐述。在新的历史条件下，邓小平同志把解决民族问题与改革开放、建设中国特色的社会主义现代化事业联系

* 原载《青海学刊》1998 年第 5 期，原文标题为《论邓小平民族理论及其贡献》。

起来，进一步发展和完善了解决民族问题的理论、政策和策略，形成了一系列鲜明的、具有中国特色的解决民族问题的新思想。

一、改革开放与民族问题

党的十一届三中全会，重新恢复和确立了我们党的解放思想、实事求是的思想路线，拨乱反正，正本清源，实现了全党工作重点的转移，制定了以经济建设为中心的党的基本路线。这个时期最鲜明、最显著的标志就是改革开放。邓小平同志作为我们党的第二代中央领导集体的核心，总体设计了这场改革开放。在 20 年的伟大实践中，邓小平同志以极大的马克思主义的政治勇气和开拓新境界的理论勇气，为创建邓小平理论作出了独特性贡献。邓小平理论是当代中国的马克思主义，是马克思主义在中国发展的新阶段，是指引我们全党全国各族人民奔向未来的光辉旗帜、科学指南。在改革开放和发展社会主义市场经济的历史条件下，以邓小平同志为主要代表的中国共产党人对中国当代民族问题的关注，以及在关注这些问题中所形成的一系列解决我国民族问题的思想、理论、观点和政策、措施、办法，既是邓小平理论的重要组成部分，又是在新的历史条件下、新的历史时期，对马克思列宁主义、毛泽东思想民族理论的丰富和发展。

以改革开放为标志，我国进入了新的历史时期。在新的历史时期，如何看待民族问题？在剥削阶级和剥削制度被消灭的今天，民族问题的实质是什么？在民主改革、社会主义改造完成，我国各民族人民共同走进了社会主义社会以后，各民族关系的主题是什么？我们应该怎样认识民族问题的重要性？怎样明确新时期民族工作的指导方针和总任务？通过什么途径和方法进一步来促进各民族的共同发展和繁荣？这是马克思主义者和当代中国共产党人必须回答的问题。邓小平同志作为我国改革开放的总设计师，在设计了我国改革开放和现代化建设宏伟蓝图的同时，对新时期我国的民族问题、民族工作，也进行了一系列科学的分析和论述，提出了许多重要的思想和理论观点。邓小平同志关于新时期民族问题的重要理论观点，主要散见于《邓小平文选》第二卷、第三卷之中，散见于党的十一届三中全会以来党的一系列报告、决定、决议、文章、指示、批示之中。邓小平同志涉及民族问题的主要著述有：《解放思想，实事求是，团结一致向前看》《新时期的统一战线和人民政协的任务》《争取整个中华民族的大团结》《立足民族平等，加快西藏发展》《振兴中华民族》《共同努力，实现祖国统一》《善于利用时机解决发展问题》等等。

二、邓小平民族理论的主要观点

1. 正确估价我国现阶段民族关系的性质及其发展趋势

正确认识我国现阶段民族关系的性质和发展趋势，是我们正确处理新时期民族关系，做好民族工作的理论依据和思想基础，也是我们防止和克服民族工作中“左”的或右的错误倾向的思想基础。1977 年，邓小平同志指出：“我国各兄弟民族经过民主改革和社会主义改造，早已陆续走上了社会主义道路，结成了社会主义团结友爱、互助合作的新型民族关系。各民族的不同宗教的爱国人士有了很大的进步。在实现四个现代化进程中，各民族的社会主义一致性将更加发展，各民族的大团结将更加巩固。”这里，邓小平同志肯定了我国各民族地区都走上了社会主义道路，认定了我国各族人民已结成的“团结友爱、互助合作”的社会主义民族关系，指出了我国社会主义民族关系的发展总趋势。这个基本判断、基本认识和基本结论十分重要，为我们在新时期正确认识和处理我国的民族问题指明了方向。

2. 进一步完善民族区域自治制度

民族区域自治是以毛泽东同志为主要代表的中国共产党人创造性把马克思列宁主义关于民族问题的基本理论与中国的具体实际相结合的产物，既是党解决民族问题的基本政策，又是国家的一项基本政治制度。邓小平同志坚持马克思列宁主义、毛泽东思想，根据形势和任务的变化，不断完善民族区域自治制度。1987 年 10 月 13 日，他在会见匈牙利社会主义工人党总书记卡达尔时说，解决民族问题，“中国采取的不是民族共和国联邦的制度，而是民族区域自治的制度。我们认为这个制度比较好，适合中国的情况”。党的十一届三中全会以后，我国进入了一个新的历史时期。中共中央书记处恢复设立不久，就以解决新时期西藏问题为起点，认真总结历史经验，完善和落实党的民族区域自治政策，为真正实行民族区域自治，促进少数民族自治地区的繁荣与发展，采取了一系列重要的战略步骤。在党的领导下，我国的民族区域自治制度得到了进一步的完善。1982 年 11 月 26 日，五届全国人大五次会议通过的新宪法，重申了维护民族团结的重要性，坚持民族区域自治制度，并指出这次修改宪法，关于民族区域自治的规定，不但恢复了 1954 年宪法中的一些重要原则，而且根据国情的变化增加了新的内容。宪法修改草案在“国家机构”的第六节“民族自治地方的自治机关”中，对民族区域自治的有关问题作出了新的规定。1984 年 5 月 31 日，六届全国人大二次会议通过了《中华人民共和国民族区域自治法》。这一法律将宪法中的有关条文进一步具体化，使我国民族立法工作大大前进了一步。《民族区域自治法》是我国在民族立法工作方面的第一部基本法。它是新中国成立以来实行民族区域自治的经验总结，是民族工作拨乱反正的重大成果。

1988 年 11 月，邓小平同志与新疆歌舞团演员代表握手并接受其赠送的维吾尔族小帽。

3. 在维护祖国和中华民族统一的立场上解决历史遗留问题

台湾问题、香港问题、澳门问题是我国的历史遗留问题。如何正确对待和处理这些问题？邓小平同志认为，必须在维护祖国和民族统一的根本前提下，从实际出发，兼顾国家、民族和人民的利益，反对民族分裂，高举中华民族团结的旗帜。1983 年 6 月 26 日，他在会见美国新泽西州西东大学教授杨力宇时提出了和平统一祖国的问题，"希望国共两党共同完成民族统一，大家都对中华民族作出贡献"。1984 年 6 月 22 日、23 日，邓小平同志在分别会见香港工商界访京团和香港知名人士钟士元等的谈话中，明确提出了"一国两制"的构想。在讲到用这一办法解决香港问题、由港人治港时，他说："港人治港有个界限和标准，就是必须由以爱国者为主体的港人来治理香港。""爱国者的标准是，尊重自己民族，诚心诚意拥护祖国恢复行使对香港的主权，不损害香港的繁荣和稳定。"1986 年 9 月 2 日，邓小平同志在会见美国记者迈克·华莱士时也曾谈到了台湾问题，他说："这首先是个民族问题，民族的感情问题。凡是中华民族子孙，都希望中国能统一，分裂状况是违背民族意志的。"这些思想观点为解决我国历史遗留下来的民族问题提出了指导性原则和灵活的实际办法。

4. 在改革开放中解放和发展生产力，促进各民族共同繁荣

邓小平同志认为，改革开放是实现各民族共同发展、共

同繁荣的必由之路。中国的发展离不开世界，要发展必须要开放，开放是全方位、多层次的开放，不仅是向外国开放，也向本国的其他省区开放；不仅是向发达国家开放，也向发展中国家开放。在开放中学习和吸收他人之长，为我所用。他强调，改革是中国的第二次革命，不改革只能是死路一条。为了在改革开放中加快我国少数民族和民族地区的政治、经济、文化发展的步伐，1987 年 4 月，中共中央、国务院批转了中央统战部和国家民委《关于民族工作几个问题的报告》。这个报告在总结新中国成立以来尤其是党的十一届三中全会以来我国民族工作经验的基础上，确定了新时期我国民族工作总的指导思想和根本任务。这就是，坚持四项基本原则，坚持改革、开放、搞活的基本国策，紧密结合民族地区和少数民族的实际，从民族平等、民族团结、民族进步、相互学习、共同致富出发，以经济建设为中心，发展少数民族的政治、经济和文化，不断巩固社会主义新型民族关系，实现各民族的共同繁荣。1988 年 4 月，在全国民族团结表彰大会上，中央提出了少数民族和民族地区的改革开放和经济建设要从实际出发等理论观点。1992 年 1 月，在中共中央和国务院召开的全国民族工作会议上，中央提出了 20 世纪 90 年代我国民族工作的主要任务，并提出要加快少数民族和民族地区经济发展，使其逐步与全国的发展相适应，坚持改革开放，不断增强少数民族和民族地区的自我发展活力，促进各民族共同发展、共同繁荣。

1988 年 4 月，新中国成立以来首次全国民族团结进步先进集体、先进个人表彰大会在北京举行。

5. 坚持“两个离不开”

毛泽东同志、周恩来同志早在20世纪50年代就强调了我国汉族和少数民族之间相互依存的关系。党的十一届三中全会以后，我们党对这种关系的论述有了进一步的发展，用“两个离不开”进行了概括。1981年中共中央书记处在讨论民族问题时，提出了“两个离不开”的理论，即汉族离不开少数民族，少数民族也离不开汉族。后来，党中央又用“同呼吸、共命运、心连心”，对这一理论作了进一步的阐释和补充。这一理论观点对我国历史和现实中各民族相互依存的关系，用形象、简洁、生动的语言进行了高度概括，是对毛泽东同志、周恩来同志提出的这一理论的发展和升华。

6. 注意区分民族与宗教问题

宗教是社会历史的产物。我们党坚持马克思主义的宗教观，一贯主张和实行宗教信仰自由政策。党的十一届三中全会以后，我们党拨乱反正，纠正过去的失误，正确认识和处理宗教问题，重申和落实党的宗教政策，取得了一系列的成就，从而使党对宗教问题的认识进一步深化。在对现阶段我国宗教问题的认识上，中央认为，我国是一个多宗教的国家，解放以后，经过社会经济制度的深刻改造和宗教制度的重大改革，我国的各种宗教已经发生了根本的变化，宗教问题上的矛盾已经主要是属于人民内部矛盾；但是宗教问题仍将在一定范围内长期存在，有一定的群众性，在许多地方同民族问题交织在一起，还受到某些阶级斗争和国际复杂因素的影响，因而，也不排除有的问题带有对抗性质。因此，我们在宗教问题上能否处理得当，对于国家安定和民族团结，对于发展国际交往和抵御国外敌对势力的渗透，对于社会主义物质文明和精神文明建设，仍然具有不可忽视的重要意义。在现实的社会历史条件下，宗教可以和社会主义社会相适应。对于宗教，夸大问题的严重性和复杂性，张皇失措，是不对的；忽视实际问题的存在和复杂性，掉以轻心，听之任之，也是不对的。

这里需要指出的是，以上所叙述的有些理论观点，尽管邓小平同志在他的著作中没有专门论述，但是，我们仍然将其归入邓小平理论的体系之中，理由是这些理论观点是在邓小平同志作为党的第二代中央领导集体的核心时期，由党中央提出来的。既然邓小平理论是全党智慧的结晶，那么，这些内容也就应自然而然地属于邓小平理论的思想范畴之内。

三、邓小平民族理论的新贡献

邓小平同志对马克思列宁主义、毛泽东思想民族理论的贡献表现在多个方面。首先，在他所处的特定时代、特定国度、特定条件下，对民族问题进行了全新的审视。对社会主义中国进入一个改革开放全新时期的民族问题，进行了重新的认识，并确定了“团结友爱、互助合作”的社会主义民族关系的主题，这就标志着我国的民族工作转入到了新的历史阶段。其次，在民族工作中贯彻改革开放的总方针，将民族问题的认识和解决放到改革开放和现代化建设之中，这就找到了振兴民族经济、解决当代中国民族问题的正确途径。再次，在邓小平理论的指导下，国家制定和颁布了《中华人民共和国民族区域自治法》，从法律上保证了民族区域自治制度的有效实施，使我们党关于民族区域自治的理论和政策得到进一步完善。第四，提出了“一国两制”的科学构想，找到了原则性与灵活性相结合、正确解决历史遗留问题、实现民族团结和祖国统一的正确途径。最后，提出了“两个离不开”的重要思想。这个思想既是对历史上形成的我国各民族之间相互依赖关系的高度总结，也是对我国现实民族关系和未来民族关系发展趋向的高度概括，成为社会主义中国正确处理民族关系，解决民族问题，做好民族工作的重要方针。

学习邓小平关于大胆地干全新的事业的重要论述*

大胆地去干全新的事业，曾经是邓小平同志反复强调的一个重要问题。在 21 世纪即将到来，世界范围内综合国力的竞争日趋激烈，国内改革和发展的任务十分艰巨的历史条件下，在纪念邓小平同志逝世一周年之际，重温这一教导，对于把改革开放和社会主义现代化建设的事业胜利推向前进，具有重要的现实指导意义。

改革开放以来，我们干的事业是什么样的事业呢？邓小平同志认为："我们现在所干的事业是一项新事业，马克思没有讲过，我们的前人没有做过，其他社会主义国家也没有干过。"这个事业，无论从中国的范围看，还是从世界的角度讲，都是一个"试验"，而且是一个"大试验"，这个试验成功了，中国就能崛起，中华就能振兴，社会主义的红旗就能

---

* 原载《青海日报》1998 年 2 月 17 日，原文标题为《大胆地干全新的事业》。

在中国的大地高高飘扬，还“可以对世界上的社会主义事业和不发达国家的发展提供某些经验”。

那么，怎样去干全新的事业呢？我们应该具有什么样的思维方式、工作方法、工作作风和精神状态呢？邓小平同志认为：一是要胸襟开阔，综观全局。“要从大局看问题，放眼世界，放眼未来，也放眼当前，放眼一切方面。”世界、未来、当前和现实的一切方面是相互贯通的，对此，我们必须要用全面的、发展的、联系的、历史的观点去认识和把握。二是要解放思想，跳出框框。只有解放思想，才能破除迷信，打破陈规。三是要抓住机遇，及时决策。他说：“要用宏观战略的眼光分析问题，拿出具体措施。机会要抓住，决策要及时”。四是要埋头实干，总结经验。邓小平同志说：“我们希望成功。这就要求我们每走一步，都兢兢业业，大胆细心，及时总结经验，发现问题就做些调整，使之符合实际情况。”只有埋头实干，我们的事情才能办好，只有善于总结经验，我们才能少走弯路，不犯大的错误，不断地开拓前进。五是要大胆试验，敢“冒”风险。邓小平同志多次强调，改革需要勇气，改革不能怕冒风险。1992 年初他在南方谈话中指出：“没有一点闯的精神，没有一点‘冒’的精神，没有一股气呀、劲呀，就走不出一条好路，走不出一条新路，就干不出新的事业。”六是要联系实际，努力学习。邓小平同志一再强调，我们干的事业是一项全新的事业，从事全新的事业，就要探索，就要试验，为了使我们的探索和

立于深圳市委前广场上的“开荒牛”。

试验，沿着正确的方向前进，减少失误，我们必须用科学的理论为指导。而要做到这一点，就必须掌握理论的科学体系和精髓，在理论联系实际、学以致用上下功夫。

邓小平同志关于大胆地去干全新事业的思想，对现实具有重要的指导意义。

首先，对帮助我们认识改革开放的艰巨性、长期性、复杂性、重要性十分有益。我们所从事的改革开放前无古人，没有现成的经验可学，没有固定的模式可套，艰巨而复杂。然而我们改革开放的成败，又与党和国家、中华民族的前途命运，与社会主义和人类文明进步事业的前途命运息息相关、紧密相连，这又非常重要。改革开放的艰巨性、复杂性又决定了它的长期性，就是说改革开放不可能毕其功于一役，不可能一步到位，而是一个要经历若干发展阶段、相当长时间的历史过程。因此，我们必须明确，改革开放虽然已经进行了 20 年了，并已取得巨大成效，但从人类社会的大视角和以历史尺度以及“三步走”的战略目标来看，我们所做的事情只是“万里长征走完了第一步”，今后的路还很漫长，任务还很艰巨。

其次，为我们改变思维方式、改进工作方法和作风、树立良好的精神状态，提出了要求，指明了方向。我们的改革是全面的改革，不仅涉及经济领域，而且涉及政治、科技、教育、文化等各个领域。我们的改革不是对旧体制的枝节修补，而是一场变革旧体制的深刻革命。我们的开放不是局部地区、局部领域的开放，而是多层次、全方位的全面开放。进行这样一场具有广泛而深远意义的革命，没有创造性的思维不行，没有正确的工作方法不行，没有严细深实的工作作风不行，没有良好的精神状态也不行。创造性的思维，要以马克思列宁主义、毛泽东思想、邓小平理论为指导，理论联系实际，去探索和认识事物的内在本质，把握客观规律，开创性地工作。如果做不到这一点，我们就既不能开拓前进，解决当前面临的各种深层次矛盾和问题，也不能丰富和发展理论，而使理论窒息和枯萎。正确的工作方法和好的工作作风要求我们要解放思想，跳出框框，冲破阻力，摆脱束缚，坚持实践第一的观点，坚持群众路线，实行科学和民主的决策，埋头苦干，狠抓落实，务求实效。不这样做，无论我们的蓝图多么美好，我们的纲领多么宏伟，都不可能变成现实。同时，树立良好的精神状态，要求我们要抢抓机遇，开拓进取，大胆地试，大胆地闯。没有这样一种精神状态，蓝图的描绘，纲领的实施也是要大打折扣的。

过去我们在邓小平理论的指引下，大胆地干全新的事业，已经走出了一条光明大道。今后尽管我们还面临着许多困难和风险，但是，只要我们一如既往地继续坚持这一理论，不断地实践，我们干的事业会越来越辉煌，我们的道路会越走越宽广。

改进和加强邓小平理论宣传的思考*

邓小平理论是我们的科学旗帜，光辉指南。用这一理论武装全党、教育干部和人民，是党的一项长期的重大战略任务。如何落实这一战略任务，与党的理论宣传工作的好坏有着直接的内在关系。本文仅从宣传学的角度，就这一问题作一些探讨。

理论宣传工作过程描述和制约因素分析

一般来讲，理论武装工作由理论研究、理论宣传和理论学习所构成。理论研究是基础，没有理论研究的成果，理论宣传和理论学习都不可能有丰富的内容，不可能有力度、深度。理论宣传是中介和载体，它在理论研究和学习者之间架起了桥梁。没有理论宣传，研究的成果就无法实现自身的价

---

* 原载《攀登》1997 年第 5 期，原文标题为《关于改进和加强理论宣传工作的思考》。

值。而理论学习是目的，理论研究和宣传的成效，要体现为学习者的收获。三者相互影响，相互贯通，相互转化。

那么，理论宣传工作包括哪些内容呢？从宣传学上讲，它由宣传主体、宣传内容、宣传链条、宣传客体、宣传效应五个方面的要素所组成。宣传主体是指整个宣传活动中的启动者、实施者，也就是我们通常所说的宣传者。宣传内容是指一定条件下、一定时期内所传播的一定阶级的理论、学说、主张和观念。宣传链条是指介于宣传者和受传者之间的各个环节，也就是把宣传者作用于受传者的活动连接起来的中间环节，它包括宣传方法、工具、手段、阵地、设施、时机选择等。宣传客体是指宣传者预期的宣传所要影响的对象，也就是我们通常所说的受传者。宣传效应是指宣传目的实现程度，亦称宣传效果。它一般表现为受传者经过宣传以后，思想认识的提高程度、实际行动的变化程度和道德情操的陶冶程度。这是宣传工作的归宿和落脚点，是宣传工作全部成效的体现。理论宣传就是宣传主体将宣传内容，通过宣传链条作用于宣传客体的过程，而且动态地看，这个过程循环往复，不断深化提高，永无止境。当前和今后相当长一个时期，理论宣传工作的主要任务就是全面、系统、深入、持久地宣传邓小平理论。因此，改进和加强理论宣传工作必须在动态中，着眼于其系统的各要素，研究和探索这一工作面临的政治、经济形势，所处的社会环境，所具有的传播技术、手段，以及受传者的心理状况等问题。

当前影响理论宣传效果的主要因素有哪些呢?

首先，从理论宣传的大气候和大背景看，一是世界大变动、中国大变革，急剧变化的国际、国内形势向人们原有的思维方式和价值观念提出了挑战，因此，在某个时期、部分人中间，其思想不可避免地会出现彷徨和困惑；并且随着理论宣传内容的变动，工作力度、深度、广度的强弱、大小，或萎缩或膨胀，或有效或无效，经常处于变动之中。二是在改革开放的历史条件下，社会上逐渐衍化和生成了多元利益群体，由于职业不同，所受教育的状况不同，在社会中所处的地位和所起的作用不同，各利益群体对理论宣传的接受和认同程度也就各有差异。三是邓小平理论还在丰富发展之中，在实践中已经被检验和确定的东西，要被广大群众所接受，需要一个过程，其中理论宣传者有大量的工作要做。在实践中还未被检验和确定的东西，要继续进行探索和研究，更需要一个过程，其中理论宣传者既要进行艰苦的理论探索，又要在实际生活中向群众进行符合宣传纪律要求的理论解释和说明。这种理论和实践中的不确定性增加了理论宣传工作的难度。当前，世界社会主义运动出现严重曲折引发的一些深层次矛盾和问题，深化改革，扩大开放，发展社会主义市场经济过程中遇到的新矛盾、新问题，都需要作出有说服力的回答，如果理论研究不能取得成效，理论宣传就难以进行，难以奏效。

其次，从理论宣传工作的自身状况看，一是理论宣传工作中存在着方式、方法单一和陈旧的问题。许多地方、许多部门至今仍然停留在“一沓纸、一张嘴、一支笔”和图书、资料、报刊文章等宣传手段、方法和式样上。对覆盖面广、影响力大、传播速度快、形象直观的广播、电视、电影、激光唱盘、视盘等先进传媒利用不够。宣传手段与方法的落后，弱化了受传者的理论兴趣，阻隔了理论宣传者与不同接受对象的双向思想融通。二是理论宣传工作中存在着文风浮躁和针对性不强的问题。在一些地方理论宣传“上下一般粗，左右一个样”。某些理论宣传的影视作品，缺少艺术性，结构程式化，吸引不了观众。某些理论宣传的报刊文章，东拼西凑，论述分析或大而无当，空洞无物，或就事论事，缺少理性；遣词造句生搬硬套，枯燥呆板；联系实际，牵强附会；判断推理爱讲绝对。无视群众的需要，回避人们关心的深层次问题，为宣传而宣传，结果时常使理论宣传陷入自相矛盾的窘境，影响了理论宣传的声誉，失去了理论宣传对群众的说服力、影响力、感召力。三是理论宣传工作中存在着混淆理论研究成果与理论宣传内容的界限问题。应当讲，“学术无禁区，宣传有纪律”。但是，一些人缺少党的宣传纪律观念，将研究成果与宣传作品混为一谈，对一定时间内、一定条件下，应限定在一定范围内使用的研究成果，盲目地、不加选择和不负责任地统统抛向社会，随心所欲，结果不时地引起人们的思想混乱。四是理论宣传工作中存在着队伍素质参差不齐和不配套问题。近年来，理论宣传队伍代际更替和职业流动加快，出现了青黄不接的断层现象和人品结构不合理的问题。在人员流动中，其他领域和行业转入宣传领域和行业的人少，而后者改行转入其他领域和行业的人多。在人员结构中，青年人比重大，中年骨干比重小；决策、组织人员多，实施、执行人员少。而且理论宣传工作者和理论研究工作者，又各自为战，缺乏彼此间的优势互补和相互配合，这在一定程度上也影响了理论宣传工作的效果。

由此，我们可以得出这样的结论：要使理论武装工作不断向深度、广度拓展，进一步加强对邓小平理论的宣传，必须根据理论宣传工作的特殊过程，针对现实中的问题，确定一个大的工作思路。必须在提高理论宣传者的素质上下功夫，在改进理论宣传工作的方式方法和手段上下功夫，在加强理论研究上下功夫，在掌握群众心态，做好群众思想的引导上下功夫。

改进和加强理论宣传工作的思路

当前和今后一个时期应确立一个什么样的工作思路呢？我们认为，应该以邓小平理论为根本指针，以科学的理论武装人为主要任务，以提高人们的理论素质为着眼点，建立灵活、高效的工作运行机制，充分发挥理论宣传的灌输功能、解释功能、激励功能、导向功能、调节功能和传播功能，实现理论宣传工作从点到面、从线形到网状、从死板到活泼、从单一到综合、从局部到超时空的转变，坚定人们对社会主义和共产主义的理想和信念，坚定人们走中国特色社会主义道路的决心和信心。

“一个根本指针”，是我们整个事业和各项工作的根本指针，是宣传思想工作的根本指针，毫无疑问，也必然是理论宣传工作的根本指针。

“一个主要任务”，是新时期宣传思想战线四项基本任务之一，它是党对思想理论战线提出的任务和要求。对理论宣传工作来讲，它是党的思想理论工作的重要组成部分，因此，“一个主要任务”，也应该是理论宣传工作的主要任务。

从“一个着眼点”出发，建立灵活、高效的工作运行机制，发挥“六个功能”，实现“五个转变”，强调的是理论宣传工作的加强和改进问题。着眼点也即工作的出发点，就一般意义上讲，我们的理论宣传不管阶段性的宣传内容如何变化，但是，都是为了提高人们的理论素质。工作运行机制必须灵活、高效，这是改革开放的需要，是发展社会主义市场经济的需要，也是党的理论宣传工作肩负历史重任、完成历史使命的需要。理论宣传工作要发挥灌输、解释、激励、导向、调节、传播六大功能，是由理论宣传工作的性质和特点所决定的。灌输就是灌注、输入；解释就是解惑、释疑；激励就是鼓动、鼓励；导向就是疏导、引向；调节就是调整、节制；传播就是传递、播送。邓小平理论属于政治文化范畴，它所解决的不是一般性问题，而是当代中国的政治方

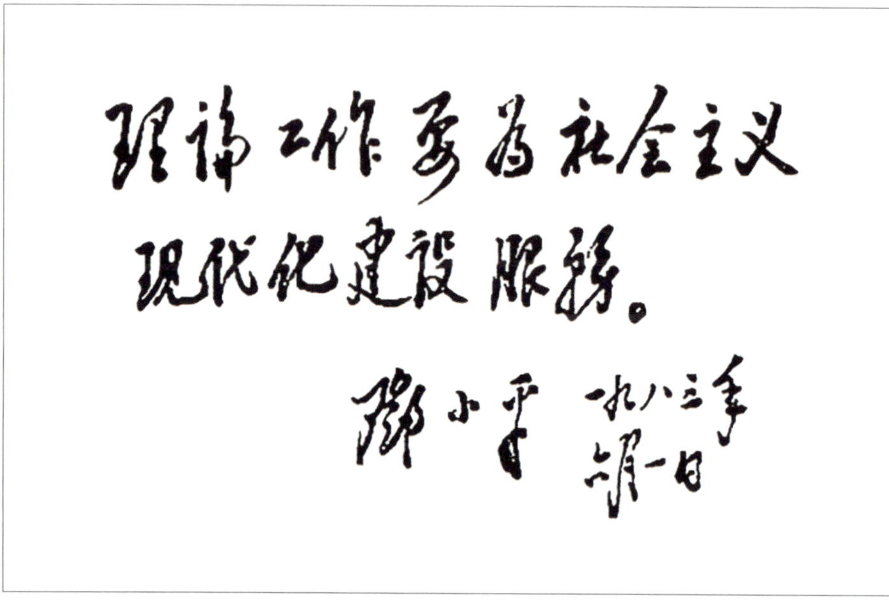

1983 年 6 月 1 日，邓小平同志为《红旗》创刊 25 周年题词。

向、政治原则和政治行为问题。对其宣传不灌输、不解释、不激励、不导向、不调节、不传播，显然就完不成我们的宣传任务，就达不到我们的宣传目的。理论宣传是理论工作和宣传工作的结合物，虽然从其工作内容和性质上划归理论工作范围，但就其工作形式讲又与宣传工作相仿，所以，它除了具有理论工作的功能外，又有宣传工作的功能。理论宣传工作要实行“五个转变”，是国际、国内形势和现实工作状况所提出的要求。面对全球范围内兴起的科技革命浪潮，面对西方发达资本主义国家在经济和科技方面对我形成的巨大压力，面对世界范围内各种思想文化的相互激荡，面对西方敌对势力对我实施西化、分化的图谋，面对纷繁复杂的宣传对象，不转变，我们的工作就缺乏生机和活力；不转变，我们的工作就难以卓有成效地开展；不转变，我们的工作就没有吸引力、感召力，就打不开新的局面。

“两个坚定”，是理论宣传工作要达到和实施的近期目标和长远目标，也是我们要不断提高人们理论素质的根本目的、最终目的。从近期目标来讲，我们就是要通过工作来坚定人们的理想和信念，坚定人们的决心和信心，坚决走中国特色的社会主义道路，为实现“三步走”发展战略目标，实现我国的社会主义现代化而努力奋斗。从长远目标来讲，就是使人们在坚持和发展中国特色社会主义的过程中，坚定地树立起共产主义的远大理想，为共产主义的壮丽事业而努力奋斗。两个目标实际上是近期和长远的结合，是过程和目的的统一。

这个工作思路，是我们搞好理论宣传的总方向、总原则、总目标、总要求。

改进和加强理论宣传工作需要正确认识和处理好三个关系

确立工作思路，是搞好理论宣传工作的前提；正确认识和处理好理论宣传与理论研究、真实宣传对象与虚拟宣传对象、阶段性宣传内容与长久性宣传内容的关系是搞好理论宣传工作的必然要求。

第一，正确认识和处理好理论宣传与理论研究的关系。理论研究是理论宣传的基础。理论宣传的内容来自理论研究的成果，这个成果既包括邓小平理论本身的内容，也包括理论界对邓小平理论的阐发和解释，还包括理论和实际工作部门以邓小平理论为指导，对现实问题的科学探索和总结。理论宣传对理论研究具有很大的依赖性，前者离开了后者，就会成为无源之水、无本之木。理论研究停滞，无新意，理论宣传就会枯萎和丧失活力；理论研究前进，有新意，理论宣传就势如破竹，感召人心。但是，理论宣传并不仅仅是处在消极、被动的状态，它对理论研究的成果有筛选的权力和再次加工的义务，理论研究的成果有待理论宣传进行传播和扩散，它既可以对理论研究成果“锦上添花”，也可以“画蛇添足”；既可以对理论研究成果的某些不足进行过滤和校正，也可以使其科学的内容在宣传中失真、变形和走样。理论研究成果缺少理论宣传这个桥梁，就会被限制在“高墙深院”，成为少数人欣赏的珍品。只有经过理论宣传的中介，才能直面社会，传播到人民大众之中，成为他们的精神食粮，产生精神变物质的威力。理论研究和理论宣传两者的关系辩证统一，相互联系，相互影响，相互促进。做好理论宣传离不开理论研究，进行理论研究需要坚持“双百”方针，鼓励大胆探索。但是对理论研究所取得的成果，如何宣传，什么时候宣传，用什么方式宣传，在什么范围宣传，则要依据党在各个发展阶段的任务和工作需要由党中央统一部署和确定，这是党的宣传纪律所要求的。

第二，正确认识和处理好真实宣传对象与虚拟宣传对象的关系。理论宣传工作是宣传主体与宣传客体不断发生关系、持续作用与反作用的过程。在这个过程中，有两个工作对象，一个是现实中我们看得见、摸得着的真实有形对象，即特指静态条件下所有的受传者。这种真实对象，从职业上可分为工、农、商、学、兵；从从事劳动工作形式上可分为体力劳动者、脑力劳动者；从政治面貌上可分为党员和群众；从从事行政工作的职级上可分为领导干部、一般干部；从年岁上可分为老人、中年人、青年人；从性别上可分为男人、女人，等等，总之，依一定的标准可以作多方面的区别和划分。我们说的真实对象，就是客观存在的真实受传者，它在存在形式上与真实的宣传者相对应。另一个则是我们看

读者们在北京西单图书大厦“五个一工程”奖图书专架前认真阅读。

不见、摸不着的虚拟无形对象，即特指动态条件下宣传者转换成受传者之后，在意识中产生的另一个虚假的工作对象。为什么会出现这种现象呢？教育者先受教育，宣传者先受宣传，这是规律。尽管宣传者的职业是从事宣传，但是宣传者在接受别人传递的宣传信息时实际上已变成了受传者，在宣传者身上这种角色的转换是经常发生的。当宣传者转换成受传者，在接受宣传信息时，意识中必然产生一个虚假的工作对象，这个对象是真实受传者头脑中的虚假受传者，我们称之为虚拟对象。它的产生是由受传者原有的经验、知识对新信息的过滤作用所造成的。从心理学上讲，人们思想的形成和转化是一个从低级向高级发展的心理运动过程。首先是感知客观事物或思想材料，接着进入理解、思维，融入自己原有的经验和知识，在内心中形成“参照系”；然后转入深层次心理，触发深层次思维、情感和意志，展开激烈的思想斗争，进行自我抉择，自我调节；最后掌握和理解这种思想，或拒绝接受，或消极抵制，或达到思想转化。也就是说人们总是在原有的心理活动基础上去同化、扩展或改变原有的思想。作为理论宣传者在接受别人所给的理论宣传信息时，有一个对比、整理、排斥、吸收的过程；向别人进行理论宣传时，也有一个不断说服自我意识中的虚拟对象的过程。如果理论宣传者不能说服虚拟对象，对现实中真实对象的宣传就会感到“理不直，气不壮”，心里空虚，其成效则会事倍功半。可以说，把握虚拟对象和真实对象相辅相成。只有把握虚拟对象，战胜“自我”，才能更好地把握真实对象，做好理论宣传工作；只有把握了真实对象，做好理论宣传工作，才能改变宣传者自己的认知结构，坚定工作信心。两者目标同一，方向同一，是理论宣传工作中必不可少的一个“宣传、受传”“真实受传、虚拟受传”“反馈、回应”的回路。

第三，正确认识和处理好阶段性宣传内容与长久性宣传内容的关系。毫无疑问，理论宣传工作的长久性内容、阶段性内容都是宣传马克思列宁主义、毛泽东思想和邓小平理论。没有阶段性宣传，就没有长久性宣传，长久性宣传内容通过阶段性宣传内容表现出来。但是，两者又有区别。长久性宣传内容强调理论的整体性、系统性；阶段性宣传内容强调理论的某一局部、某一方面。无数个阶段性理论宣传内容之和便构成了长久性理论宣传内容之总体。同时，没有长久性宣传，也没有阶段性宣传，长久性宣传内容规定和制约阶段性宣传的工作范围。例如，党的十四大确立了邓小平同志建设有中国特色社会主义理论在全党的指导地位，十四大后党中央号召全党认真学习马克思列宁主义、毛泽东思想，中心内容是学习邓小平同志建设有中国特色的社会主义理论，这就是理论宣传工作中的长久性宣传内容。但是，随着国际、国内形势的不断变化，随着党的阶段性工作任务的不断变动，在不同时期、不同阶段，理论宣传内容的重点又不断进行调整和转换。党的十四大以后，全党着重进行了邓小平同志建设有中国特色社会主义理论科学体系及其主要内容的宣传；党的十四届三中全会以后，着重进行了邓小平关于改革开放和建立社会主义市场经济体制思想理论的宣传；党的十四届四中全会后，着重进行了马克思列宁主义、毛泽东党建思想和邓小平党建理论的宣传；党的十四届五中全会以后，着重进行了邓小平关于发展理论的宣传；党的十四届六中全会以后，则又着重进行了邓小平关于加强社会主义精神文明建设理论的宣传，这些都是阶段性的宣传内容。不从理论的系统性、整体性、长远性去把握阶段性宣传内容，容易割断理论各原理之间内在的联系，宣传中往往就会出现顾此失彼和前后矛盾的状况。不根据形势和任务的发展变化，及时调整和转换阶段性宣传内容，宣传就会缺乏现实针对性，党的方针、政策就不能从理论的高度得以阐释，群众的思想认识就难以统一和提高，党在各阶段的工作任务也就无法完成。当然，在理论宣传的整个过程中，不管阶段性的内容如何调整和转换，短时期宣传的主题如何集中和突出，党的基本理论、灵魂、核心、精髓、本质、战略、原则等基本内容不能变，不能转，不能淡，不能丢，必须一以贯之地渗透到各个时期、各个阶段、各项内容的理论宣传之中，予以充分地反映和体现。

改进和加强理论宣传工作需要解决好四个问题

采取有力措施，解决好方法、文风、载体和队伍建设问题，是搞好理论工作的基本保证。

第一，方法问题。理论宣传过程从一定意义上讲，实质上是一个消除旧思想，树立新思想的思想转换过程。理论宣传的目的能否顺利达到，首先要解决好过河“桥”的问题，即方法问题。根据多年来宣传思想战线的同志们对理论宣传工作经验的总结，其基本方法可以概括为如下几条，即说理宣传方法、形象化宣传方法、社交活动宣传方法、经常性宣传方法、组织集中宣传活动方法等。

说理宣传方法，是理论宣传主体以语言和文字等形式对理论宣传内容向客体进行解释、阐述、论证的方法，其目的在于使理论宣传客体接受和加深对真理的认识。说理宣传方法是党的理论宣传工作的基本和首要的方法，它贯穿于党的理论宣传实施的全过程，渗透到其他各种宣传方法之中。党的理论宣传工作的生命力在于说理，在于运用理论的科学性、严整性来征服人心。正如列宁所讲的：“马克思学说具有无限力量，就是因为它正确。它完备而严密，它给人们提供了决不同任何迷信、任何反动势力、任何为资产阶级压迫所作的辩护相妥协的完整的世界观”。所以，理论正确，理论具有科学性、严整性，才能激发人民群众的理论兴趣，培养、锻炼和提高人民群众的理论思维能力。应用说理宣传方法，必须注意理论宣传主客体之间大道理、小道理视角的相互转换，必须寓理于情，以理激情，以理导情，以理疏情。必须将理作为宣传的主旨，将情作为宣传的纽带，将事作为宣传的依据。

形象化的宣传方法，就是以电视、电影、广播等集图象、音响、语言、文字、音乐于一身的现代化综合宣传方法，其特点是直观性、整体性、选择性、通俗性，它直面社会各种群体，通过形象感知，可以形成人们主观意识的整合效应。理论宣传要有感召力，就应该具有形象性的美的特点。宣传固然要说理，但是，经验证明，人们接受某种道理，往往是从具体的感性形象开始的。因此，要善于运用具体的感性形象去进行宣传，注意把形象宣传与说理宣传有机地统一起来。大型电视文献纪录片《邓小平》在中央电视台和全国各地电视台的播放，在广大人民群众中引起了强烈的反响，人们普遍地受到了一次生动、具体的邓小平理论和党的基本路线的教育，同时也受到了一次党的历史和革命优良传统的教育。这个教育形象、直观，效果显著，是一次大规模形象化理论宣传的成功尝试。

社交活动宣传方法，就是通过各种类型、各种规格、正式和非正式的会议等活动形式进行的宣传方法。理论学习报告会、座谈会、经验交流会、汇报会等就属于这类宣传方法。这种宣传方法的特点是宣传信息的准确、有效、可靠以及交流双向、传递迅速、互利共享等。

经常性的宣传方法，就是通过固定活动、固定群体、固定方式持续不断进行的宣传方法，其特点是稳定性、长期性、固定性、渗透性。

组织集中宣传活动方法，就是通过集中力量、协作联动的方式突出和强化重点主题的宣传方法，其特点是联合性、共振性、互动性、强化性。

以上这些方法是从理论宣传工作的特点、形式和内容的不同角度来区分的，在理论宣传工作的具体实施过程中，各种方法往往交叉融合、共同发生作用，我们必须根据不同的理论宣传内容、不同的对象，广泛使用最佳和最有效的方法。

第二，文风问题。改进文风，必须使理论宣传节目和作品言之有物、言之有理、言之有情，使读者、听众、观众可读、可听、可视。而要做到这些，对理论宣传主体来讲，有三个层次的要求。第一层次的要求是：要努力学习和掌握马克思列宁主义、毛泽东思想，特别是邓小平理论。学习和掌握得越多，越准确，越全面，宣传就会越快，越有效，越主动。否则，只能是亦步亦趋，人云亦云。第二个层次的要求是：要了解国情，参与实践，把握干部、群众的思想脉搏，关注社会的热点、难点、疑点，尊重人民群众的首创精神。理论宣传者，对国情越了解，对实践越参与，对社会热点、难点、疑点越关注，对群众越尊重，就能够理论联系实际，

2012 年，《天津日报》记者“走转改”，报道百姓关心的大事小情。

深入浅出，进行有说服力的宣传。否则，只能是“两张皮”，“空对空”。第三个层次的要求是：要掌握和熟悉一套行之有效的宣传技巧和方法。进行理论宣传，写有写的技巧，讲有讲的技巧。根据不同对象宣传的需要，写和讲的技巧又有所不同。在实践中，对写和讲的技巧如何应用，效果会大不一样。例如，对一般工人、农民的理论宣传，越通俗越好，而且应该将成功的着重点放在大量事实材料的使用和事例引证上。对干部和知识分子的理论宣传，则应该将取胜的着重点放在逻辑推理和思想观点的论证上。否则，无的放矢，就会缺乏实效。当前，在理论宣传中，我们应当尽量做到：观点正确，内容通俗，论证有力，结构严谨，逻辑严密，文字流畅，条理清晰，层次分明。下大功夫，下深功夫，下细功夫，下硬功夫，用心去讲话，用心去写文章，用心去著书，用心去制作各种理论宣传的影视作品，只有这样才能让老百姓入心入脑，听得进，读得懂，看得满意。

第三，载体问题。理论宣传必须借助于一定的载体，没有载体理论宣传便无法进行。宣传载体的形式是多种多样的，有印刷载体、音响载体、影视载体等等。当今世界，随着高科技的发展，载体的内容和形式都处在急剧的变化之中，有的效率成倍地提高，有的功能不断扩大，有的式样又在不断地翻新。从通常我们所使用的宣传载体看，各种载体各有其特点和功能。印刷宣传载体具体说就是报纸、刊物、图书资料等，这类载体具有可保留性、可大规模、无限制地

人民日报“中央厨房”现场。

复制、复印，可反复研读，逻辑性、思想性强等优点。音响宣传载体和影视宣传载体，具体说就是录音带、录像带、激光唱盘、激光视盘、影片拷贝等，通过广播、电视、电影、录音机、录放像机等多种电器，或公开，或半公开，或大范围，或小范围，进行播放。它具有传播迅速，覆盖面广，对象广泛，渗透性强等优点。由于我国地域辽阔，民族众多，经济文化发展不平衡，人们的整体文化素质不高，我们所面对的宣传对象极其复杂。今后应在继续重视印刷宣传载体的同时，加大对音响和影视等宣传载体的应用力度。要开办专题和固定节目，加强新闻媒体间的横向交流，提高宣传质量，增强可听、可视性。并且根据宣传内容要做好载体的选择，易单项使用则单项使用，易全项使用则报刊、广播、电视等联合起来，协同作战，以期追求最佳宣传效果。

第四，队伍建设问题。理论宣传工作的根本目的就是帮助人们提高认识世界和改造世界的能力，说到底，就是通过思想意识的改造和思想方法的改造，使人们树立崇高的理想、坚定的信念和高尚的道德情操，提高人们运用辩证思维观察问题、分析问题和分辨是非的能力。宣传邓小平理论的目的，就是在全党和全国人民中，高高地举起这面伟大旗帜，统一和凝聚全党和全国人民的思想和意志，把改革开放和社会主义现代化建设的大业不断推向前进。进行理论宣传，宣传干部的素质如何，直接关系到工作的成效。做一个合格的理论宣传工作者，做到“政治强、业务精、作风正”。

必须政治头脑清醒，责任感、使命感、责任心强，有较深的马克思主义理论功底；必须具有较强的业务能力，即发现问题的洞察能力，由表及里的研究能力，分析归纳的综合能力，认识未来的预测能力，产生新思想的探索能力，运用自如的文字表达能力等；必须具有过硬的作风，能吃苦，能打硬仗，能理论联系实际，能密切联系群众，能言行一致，以身作则，身体力行。言是宣传，行也是宣传，而且是更重要的宣传。如果我们的理论宣传者，素质不高，言行不一，其宣传必定是苍白无力，甚至会产生相反的效果。

要把邓小平理论的宣传不断引向深入，必须建立一支宏大的高素质的理论宣传队伍。现在，在全国已经形成了党委宣传部门系统、政策研究系统、党校系统、社科院系统、高校系统、讲师团系统和军队系统等七大理论研究、宣传主力军。在这支主力军之外，还有散布在社会各界、各部门、各单位的党务、政工人员，他们也是理论宣传队伍中一支不可忽视的力量。从理论宣传队伍的整体力量看，可以说阵容庞大，数量众多。现在，存在的主要问题，不是数量问题，而是质量问题。要解决这个问题，各级党委宣传部门，必须从长计议，发挥规划、组织、协调的“龙头”作用，抓好宣传干部的理论学习、业务培训；抓好理论宣传干部队伍的合理配置和结构优化；抓好社会各方面宣传力量的相互配合，增强集体攻关意识，有计划、有组织、有步骤地打好若干个理论宣传的“重点战役”，以提高理论宣传队伍整体作战的能力。

以上四个具体问题的解决是相互联系、相互制约、不可分割的。每个问题涉及的相关内容，都是运动中的变数，各要素协同一致，配合得力，理论宣传的接受概率就高，效果就好。我们要从实际出发，大胆探索，勇于实践，不断总结经验，努力把党的理论宣传工作提高到一个新的水平。

学习邓小平理论要克服“五个障碍”*

为了迎接新世纪，完成新时期我们党所肩负的重大历史任务，党的十五大之后，党中央号召要在全党兴起学习邓小平理论的新高潮。如何把学习邓小平理论引向深入呢？笔者以为，当前就学习主体来讲，必须注意克服五个障碍。

克服“情感障”。现实中部分人在学习时，不是将邓小平理论与马克思列宁主义、毛泽东思想统一起来，作为一脉相承的完整科学体系来看待，不是将邓小平理论作为毛泽东思想在新的历史条件下的继承和发展来对待，而是将两者割裂开来，片面简单地将两者进行机械的对照，甚至以前者否定后者。也有人以不是“大部头”、不是“理论文章”等来评判邓小平同志的著作，这就产生了学习中的“情感障”。

克服“所知障”。从心理学来讲，每个人以前所学的知识，就会在自己头脑中形成所谓前知识结构，而以后所学的

* 原载《青海日报》1999 年 8 月 3 日，原文标题为《学习理论要注意克服“五个障碍”》。

知识，从心理发生过程讲，都会遇到前知识结构的过滤和比照。两者相遇，或对立、或排斥，或强化、或同化，如果出现对立和排斥的状况，就会产生“所知障”。因此，学习新理论、新知识，对每个人来讲，都是解放思想、更新观念、新旧知识碰撞、换旧脑筋的过程。

克服“经验障”。学习中的“经验障”就是否定理论对实践的指导作用，过分强调个人积累的感性经验，割裂了感性经验与理性认识之间的内在联系，认为理性是虚的、抽象的，经验是实的、具体的。殊不知，理论是经验的系统总结和升华，科学的理论具有普遍指导意义这样一个道理。我们要求广大干部群众学习理论，但在某些地方、某些部门、某些单位学习缺乏成效，其原因不在于科学理论本身，而在于指导思想是否正确、学风是否端正。

克服“利益障”。改革开放以来，社会上繁衍和生成了多元利益群体。虽然，改革的目的是使绝大多数人从根本上最终受益；但是，在改革的不同阶段，随着各种改革政策和措施的出台，利益关系的调整就成为必然。由于不同的利益群体在改革中的获益程度不同，如果不能理智地去认识和对待，就会对改革政策的评价出现偏颇，进而也会影响到对邓小平理论的科学评价。

克服“思维障”。现实中，一些人的思维方式还比较陈旧和单一，静止、孤立地而不是发展、辩证地看问题。正向思维多、逆向思维少；聚合思维多，发散思维少；平面思

各地群众在新华书店争相购买《邓小平文选》第三卷。

维多，立体思维少。一句话，就是缺乏创造性思维的科学方法。邓小平理论是创造性思维的产物，我们说邓小平理论是马克思主义在中国发展的新阶段，是因为它以全新的视角和思路提出了解决当代中国所面临的重大问题的正确方法。如果我们不能变革思维方式，不仅不能理解其理论的基本内容，更把握不了其理论的灵魂和精髓。

克服“情感障”，我们就会带着真情实感去学习，充分认识到邓小平理论与马克思列宁主义、毛泽东思想的继承和发展关系；克服“所知障”，我们就会主动地去学习，重组我们的知识结构，充实新的，摒弃旧的，使邓小平理论成为我们的主心骨；克服“经验障”，我们就会自觉地去学习，理论联系实际，不断总结经验，在实践中进一步丰富和发展邓小平理论；克服“利益障”，我们就会从整个国家和中华民族的根本利益出发，深刻认识邓小平理论的历史地位和指导意义，更高地举起这面旗帜；克服“思维障”，我们就会学到邓小平理论的科学方法，真正掌握其理论的精髓和灵魂，把握贯彻其中的立场观点方法。